인문학 나침반

나에게로 가는 길

이정렬

이 세계에서 아무것도 하지 않고 홀로 살아간다면 세상은 고요할 것입니다. 하지만 이 세상은 자아들의 소리로 시끌벅적합니다. 우리는 삶의 과정에서 다른 자아들과 부딪힐 수 있고, 그로 인해 다양한 소리와 감정을 마주하게 됩니다. 이러한 경험이 우리를 혼란스럽게 하지만, 결국 우리 자신을 더 깊이 이해하고 삶의 의미를 탐구하는 기회가 되기도 합니다.

우리는 누구나 한 번쯤 삶의 의미에 대해 근본적인 질문을 던집니다. 무엇을 위해 살아가는가, '나'라는 존재는 어떤 의미를 지니는가? 이러한 질문은 단순한 관념적 사색이 아니라, 우리가 어떻게 살아갈 것인가에 대한 실천적 고민과 연결됩니다. 오늘날 우리는 기술과 매체를 통해 전에 없던 방식으로 연결되고 있지만, 동시에 관계의 단절과 소외를 경험하기도 합니다. 개인의 자유가 강조되는 사회에서 시민의 역할과 책임은 무엇일까요? 또한, 과학기술 발전이 가져온 다양한 혜택 속에서 우리는 어떻게 미래 세대와 함께 지속 가능한 삶을 만들어 갈 수 있을까요?

이 책은 자아 탐구에서 출발해 인간과 사회, 그리고 미래에 대한 고민으로 나아갑니다. 이 책은 심리학, 철학, 사회학, 윤리학 등의 사유를 바탕으로 정체성과 관계, 공동체적 삶의 의미를 탐색하는 여정을 담고 있습니다. 그리고 이러한 사유들은 '나'라는 존재의 경계를 어떻게 확장해나갈 것인지, 내가 살아가는 삶을 어떻게 만날 것인지에 대한 고민을 제시합니다.

모든 인간은 자신의 관점과 목소리를 가지고 있습니다. 그것도 하나의 관점만이 아니라 정말 다양한 관점을 가진 존재가 바로 인간입니다. 인간은 각자 고유한 관점을 가지고 있지만, 그 관점들은 언제나 완전하지 않습니다. 따라서 우리는 스스로를 돌아보고 다양한 관점을 통해 자신의 세계를 넓혀가는 노력이 필요합니다. 자신을 이해하고 성찰하는 것이야말로 타인과 함께하는 삶의 첫걸음이며, 이러한 과정에서 우리는 인간과 삶에 대한 깊은 고민을 시작하게 됩니다. 그리고 바로 그 고민이 인문학적 탐구로 이어지는 출발점이 됩니다.

밥 딜런(Bob Dylan)은 자신의 노래 〈It's Alright, Ma(I'm Only Bleeding)〉에서 "태어나느라 바쁘지 않은 사람은 죽느라 바쁘다."고 말합니다. 이는 우리가 삶의 의미를 스스로 만들어가야 한다는 점을 강조하는 말이기도 합니다. 우리는 모두 태어나 죽어가고 있지만 바쁘게 죽어가지 않기 위해 하루하루 새롭게 태어나는 삶을 스스로 만들어나가야 합니다. 그렇게 새롭게 태어나는 삶을 만들기 위해서는 자기 자신과 삶, 그리고 세계에 대해 끊임없는 질문을 던져야 합니다. 인간이 살아가면서 인간 존재와 삶에 대해 질문하지 않는다면 우리는 가치 있는 삶을 살아갈 수 없습니다.

세계는 각 개인의 고유한 목소리로 가득 차 있습니다. 각기 다른 관점과 태도를 가진 사람들이 관계를 맺고 소통하며 이 복잡한 세상을 함께 살아가는 모습은 경이롭기까지 합니다. 이 복잡한 세계를 살아가는 여정에서, 이 책이 독자들에게 사유와 실천의 방향을 제시하는 작은 나침반이 되기를 바랍니다. 그리고 이 책에서 명쾌한 하나의 해답을 찾을 수 없더라도 '나'라는 존재의 가능성을 얼마나 확장시킬 수 있을지 성찰하고, 우리가 살아가는 사회에 대해 고민할 수 있기를 기대합니다.

이 책은 한국대학교육협의회의 지원을 받아 경북대학교 강좌 〈인문과 예술로 만나는 삶과 인성〉을 운영하면서 시작되었습니다. 이 수업을 시작할 수 있게 해주신 '한국대학교육협의회'와 '한국교양기초교육원' 그리고 '경북대학교'에 진심으로 깊은 감사의 마음을 전합니다. 또, 이 책을 읽고 좋은 방향과 아이디어를 제안해주신 성유경 선생님, 손나영 선생님, 이혜진 선생님, 박민진 선생님, 박준현 선생님, 그리고 곽진희 학과 조교 선생님께 감사의 마음을 전합니다. 그리고 무엇보다 이 지면을 빌어 경북대학교 학생들에게 고마움을 전하고 싶습니다. 수업을 운영하면서 학생들로부터 받은 피드백이 이 책을 저술하는 데 많은 도움이 되었습니다. 현명하고 섬세한 조언으로 도움을 준 경북대학교 학생들에게 진심으로 감사의 마음을 전합니다.

그리고, 따뜻한 마음으로 저를 격려해 주시던 아버님과 제가 이 세상에 존재할 수 있게 해주신 어머님께 감사의 마음을 전합니다. 그리고 이 세상에 계시지 않지만, 저를 학문의 세계로 이끌어주신 정세구 교수님께 감사의 마음을 전합니다. 또 제 박사 논문을 지도해 주신 서울대학교 정창우 교수님께도 감사의 마음을 전하고 싶습니다. 그리고 늘 따뜻한 친구이자 훌륭한 조언자인 딸 은결에게 사랑을 전합니다. 마지막으로, 이 세계에서 함께 살아가면서 너무나 부족한 저를 도와주시고 일깨워 주시고 함께 해주시는 모든 분께 사랑과 감사의 마음을 전합니다.

이정렬 드림

자아, 새로운 세계의 시작

난 진정, 내 안에서 솟아 나오려는 것.
그것을 살아 보려 했다.
왜 그것이 그토록 어려웠을까.

- 헤세(H. Hesse), 《데미안(Demian)》 -

01 방황하는 정체성-데미안을 통해 생각하는 '나'로 살아가기

'나'로 살아간다는 것을 무엇을 의미하는 것일까? 우리는 자신의 정체성을 찾기 위해 끊임없이 노력하며, 그 과정에서 "나를 나답게 만드는 것은 무엇일까"라는 당황스러운 물음과 마주하게 된다. 심리학자 에릭슨(E. Erikson)은 이러한 질문에 대한 답을 찾는 과정을 청소년기의 핵심 과제로 보았다. 즉, 우리가 성장하는 과정에서 청소년기에 이르면 '나는 누구인가?'에 대해 어느 정도 명확히 이해하고 자각할 필요가 있다는 뜻이다.

하지만, 정체성 형성은 삶의 어느 순간에 완성되어야 할 종착점이 아니라 삶의 과정에서 끊임없이 진행되는 과업이라고 할 수 있다. 우리의 삶은 결국 '나'를 어떻게 만나고 '나'와 어떻게 지내는지에 대한 수많은 물음과 고민의 연속이다.

작가 헤세(H. Hesse)의 소설 《데미안(Demian)》은 정체성에 대한 고민과 방황을 섬세하게 그려낸다. 소설 《데미안(Demian)》은 데미안의 친구 싱클레어가 유년기에서 청년으로 성장하면서 자아를 찾아가는 과정을 그리고 있다. 《데미안(Demian)》의 서문은 이렇게 시작된다.

> 난 진정, 내 안에서 솟아 나오려는 것.
> 그것을 살아보려 했다.
> 왜 그것이 그토록 어려웠을까.[1]

소설 《데미안(Demian)》은 싱클레어의 내면 갈등과 성장을 그린 작품이다. 데미안은 친구 싱클레어에게 세상에 존재하는 선과 악이라는 고정된 구도에 얽매여 수동적으로 따르기보다는, 스스로 판단하여 무엇이 옳은 것인지 선택해야 한다고 조언한다. 즉, 자신이 소중히 여기는 가치관과 삶의 목표가 외부에서 주입된 것이 아닌지, 혹은 그것이 진정으로 자신의 선택에 의한 것인지 새로운 시각에서 점검할 필요가 있다는 것이다.

한편, 기숙사에서 생활하던 어느 날 싱클레어는 데미안으로부터 다음과 같은 편지를 받는다.

> 새는 알에서 나오기 위해 투쟁한다. 알은 세계이다. 태어나려고 하는 자는 누구든 하나의 세계를 파괴하지 않으면 안 된다. 새는 신을 향해 날아간다. 그 신의 이름은 아브락사스이다.[2]

아브락사스(Abraxas)는 선의 신이기도 하지만 악을 상징하는 신이기도 하다. 우리는 자신 내면에 존재하는 아브락사스를 만날 때마다 무엇을 선택할지 고민해야 한다. 어떤 것을 선택하고 무엇을 추구하면서 살아가느냐에 따라 '나'의 모습도 달라질 것이다. 그리고 무엇보다 중요한 것은, 새가 부화하려면 스스로의 힘으로 알껍질을 부수고 나와야 한다는 것이다. 이것은 단지 성장의 어려움을 묘사하는 것이 아니라, 우리 각자가 자신만의 세계를 만들어가기 위해 외부의 기준에 맹목적으로 의존하지 않고 스스로의 힘으로 자신의 세계를 만들어야 한다는 강력한 메시지를 담고 있다. 자신의 정체성을 형성하려면 이러한 내면의 능동적인 힘이 필요하다.

자아정체성을 형성하는 과정은 상실, 고민, 선택 등의 힘겹고 고통스러운 경험을 포함한다. 이러한 과정은 우리가 진정으로 원하는 삶의 방향을 찾아가는 여정이기도 하다. 어떤 사람이 될지, 어떻게 살아야 하는지에 마음을 쓰는 사람은 끊임없이 "나는 누구일까?", "나를 나답게 만드는 것은 무엇일까?"라는 질문과 함께 살아가게 될 것이다. 이러한 질문들을 통해 우리는 자신의 삶을 만들어 나가며 또 자기 자신이 되어 가는 것이다.

02 자아 인식, 자아 발견의 시작

한 개인이 이 세상에 태어난다는 것은 이 세계에 새로운 고유한 또 하나의 세계가 더해진다는 것을 의미한다. 그런데 '자아'라는 세계는 고립되어 존재하지 않는다. 이 세계는 다양한 관점들이 어우러져 조화로운 목소리를 만들어내는 공간이다. 이 세상에 '나' 혼자 살아간다면 갈등과 다툼이 없는 정말 고요하고 평화로운 세계에서 살아갈 수 있을 것이다. 하지만, 그때 '갈등'이나 '고요함' 혹은 '평화'라는 개념은 더 이상 의미 없는 무기력한 단어가 된다. 인간과 삶에 대한 다양한 개념들은 다른 사람들과 상호작용하는 과정에서 비로소 살아있는 단어가 되며, '자아' 또한 이 세계의 다양한 사람들과의 상호작용을 통해 성장할 수 있다.

'자아'란 무엇일까? 일반적으로 '자아'는 자신의 생각, 감정, 행동을 인식하고 통제하는 주체를 말한다. 하지만 자아는 단순히 머릿속에 고정된 개념이 아니다. 자아는 우리의 생각과 감정 속에서 내면적으로 그 모습을 드러낼 뿐 아니라, 우리가 어떤 말을 하고, 어떤 행동을 하며, 무엇을 선택하는지에 따라 외적으로도 표현된다. 예컨대, 친구에게 충동적으로 한 말을 곱씹으며 "왜 나는 항상 이런 식으로 말하고 후회할까?"라고 스스로를 돌아보는 순간, 이러한 내적 고민 속에서 우리는 자신의 자아와 마주하기도 한다. 동시에, 다른 사람과 대화를 하는 과정에서 자신의 자아가 외적으로 표현되기도 한다. 자아란 우리의 말과 행동, 그리고 선택이 만들어내는 과정을 통해 끊임없이 형성되고 빛나는 존재라 할 수 있다.

그렇다면, 우리는 언제 자아를 발견하거나 상실했다고 느끼는 것일까? 이러한 경험은 '자아 인식'에서 출발한다. 자아를 인식한다는 것은 '나'를 상실했다고 느낄 가능성 또한 존재한다는 것을 의미한다.

태어난 지 얼마 되지 않은 어린 아기는 분명 한 인간이지만 '나'라는 자아를 인식할 수 없다. 그렇다면, 인간은 언제부터 자기 자신을 인식할 수 있는 것일까? 1979년 루이스와 브룩스-건(M. Lewis & J. Brooks-Gunn)은 루즈 실험(rouge test, 거울실험이라고도 한다)을 통해 아기들의 자아 인식에 대해 연구했다.[3] 이 실험에서 연구자들은 아기 코에 립스틱을 살짝 묻힌 뒤, 아기들이 자신의 모습을 볼 수 있도록 큰 거울을 보여주었다. 자아 인식이 가능한 아기들은 거울 속 자신의 모습을 보며 자신의 코를 만지거나 집중해서 바라보았다. 루즈 실험에서 18~24개월 이전의 영아들 대부분은 코를 만지지 않거나 만지는 경우도 아주 드물었다.

이러한 자아 인식은 자신이 다른 대상이나 타인과 구분된 존재임을 인식하고 있음을 보여준다. 자아 인식이 가능한 아기들은 '나' 또는 '내꺼야'라는 표현을 통해 자신을 드러낸다. 하지만 이 시기의 자아 인식은 아직 초보 단계이며, 연령이 증가함에 따라 다양한 관계와 경험을 통해 자아 인식의 차원과 내용은 더 복잡하고 섬세해진다.

자아 인식은 자아 형성의 기초가 된다는 점에서 자아 성장을 위한 중요한 발판이 된다. 자아 인식은 자신의 것을 주장하거나 이기적인 행동을 하는 바탕이 될 수 있고, 한편으로는 타인의 관점을 인식할 수 있는 기초가 되기도 한다. 또, 자기 인식은 타인이 무엇을 필요로 하는지 추론하고 타인에게 공감하고 배려할 수 있는 토대가 된다.

　　이러한 자아 인식은 자신을 이해하고 발견하는 출발점이다. 자아를 이해하고 발견하는 과정은 단순히 자신의 모습을 알아가는 것을 넘어, 자신의 존재와 삶의 방향을 고민하게 만드는 중요한 여정이다. 이를 통해 우리는 스스로를 더 깊이 이해하고, 타인과의 관계 속에서 자아를 확장해 나갈 수 있다.

03　'자아', 인식되는 것인가, 인식하는 것인가?

　　심리학자 제임스(W. James)는 자아를 두 가지 측면으로 설명했다. 첫 번째는 객체로서의 자아(Me)로, '나'라는 자아를 대상으로 떠올렸을 때 '나의 것'이라고 여겨지는 경험적 자아를 말한다. 두 번째는 주체로서의 자아(I)로, 이는 행동하고 경험하면서 자신을 인식하는 자아이다. 주체로서의 자아는, 개인이 의식적 경험의 흐름 속에서 생각하고 느끼며 행동하는, 의식의 주체를 말한다.

[1] 객체로서의 자아(Me)

제임스는 '객체로서의 자아'를 "한 개인이 자기 것이라 부를 수 있는 모든 것의 총합"[4]이라고 설명한다. 제임스는 객체로서의 자아를 물질적 자아, 사회적 자아, 정신적 자아로 구분하여 제시한다. 그렇다면, '자기 것이라 부를 수 있는 모든 것의 총합'이란 무엇인가? '자기 것'이라는 것은 말 그대로 '나의 것'이라고 인식되고 느껴지는 모든 것을 말한다. 만약 '나의 것'이 훼손되거나 사라진다면 어떻게 될까? 상심이 클 것이고 충격에 빠질 것이고 자아의 일부가 무너지는 느낌을 받을 수도 있다. 그리고 자아가 상실된다는 느낌을 받을 수도 있다. 다음 [표1]은 객체로서의 자아를 구성하는 세 가지 요소와 이를 인식했을 때 나타나는 구체적인 사례를 정리한 것이다.

표 1 | 객체로서의 자아의 세 요소

자아의 요소	내용	자아 인식의 예시
물질적 자아 (Material self)	신체나 물건, 가족 등과 같이 물질을 통해 인식되는 자아	• 가족을 잃었을 때 자아가 무너지는 듯한 감정을 느낀다. • 자녀가 성공했을 때 자아가 고양되는 기쁨을 느낀다. • 자동차나 옷과 같은 소유물을 통해 자아가 만족감을 느끼거나 의기소침해지기도 한다.
사회적 자아 (Social self)	사회적 관계를 맺는 사람들을 통해 인식되는 자아	• 친구로부터 "너는 친구들에게 큰 힘이 돼."라는 말을 들으며 자신이 타인에게 의미있는 존재임을 깨닫는다. • 선생님으로부터 "네가 꾸준히 노력하는 모습이 정말 대단하구나."라는 칭찬을 들으며 자부심을 느낀다.

자아의 요소	내용	자아 인식의 예시
정신적 자아 (Spiritual self)	자신의 신념이나 가치관 등을 통해 인식되는 자아	• 다른 사람을 존중해야 한다는 자신의 신념을 통해 자신을 성찰한다. • 자신이 소중하게 여기는 도덕적 가치를 통해 자신의 이상과 정체성을 확인한다.

가. 물질적 자아(Material self)

'물질적'이라는 의미는, 단지 물건만을 말하는 것은 아니다. 물질적 측면에는 신체와 물건뿐만 아니라 부모나 자녀 등과 같은 사람들도 포함된다. 물질적으로 자아를 인식한다고 할 때 우리는 신체, 의복, 가족, 집, 자동차 등을 통해 자신을 인식하고 규정한다.

그런데, 내가 소유한 연필이나 옷, 신발 등이 모두 나의 자아를 나타낸다고 할 수 있을까? 그렇기도 하지만, 반드시 그렇다고 볼 수는 없다. 제임스가 말하는 '자신의 것'은 단지 소유물이나 자신의 객관적인 외적 특성을 의미하는 것이 아니다. 여기서 '자신의 것'이라는 의미는 자신과의 관계 속에서 자신의 일부로 인식되거나 느껴지는 것을 말한다.

그렇다면, 물질적 자아가 많아지면 자아도 풍부해지는 것일까? 현대사회가 점점 물질 중심적으로 변화하면서 물질의 소유를 통해 자아를 형성하려는 사람들이 늘고 있다. 독일의 철학자 프롬(E. Fromm)은 두 가지 대조적인 삶의 방식을 통해 자아 형성을 설명한다. 첫째, '소유(Having)'에 집착하는 방식으로, 물질적 재산이나 권력 등을 얻기 위해 경쟁에 매몰되는 삶이다. 둘째, '존재(Being)'를 중시하는 삶의 방식으로, 이는 자신이 추구하는 가치와 삶의 의미를 고민하며 살아가는 태도로 나타난다. 프롬은 소유에 집착하는 현대인들이 모든 것을 소유물로 여기며 경쟁 속에서 허약한 자아를 형성하게 된다고 지적한다. 한편, 존재를 중심에 둔 삶은 진정한 관계를 중요하게 여기며, 삶의 의미와 가치를 추구하는 데 초점을 맞춘다고 설명한다.[5]

물질적 측면은 자아 형성에서 중요한 요소이지만, 물질적 자아의 많고 적음이 자아의 깊이와 성장을 결정짓는 것은 아니다. 오히려 '나의 것'을 어떻게 받아들이고, 그것을 통해 무엇을 추구하며 어떤 가치를 발견하는지가 자아 형성에 훨씬 더 큰 영향을 미친다.

나. 사회적 자아(Social self)

우리는 '나'를 인식하고, '나'에 대한 이미지를 마음속에 간직한 타인의 수만큼 많은 사회적 자아를 지니게 된다. 제임스에 따르면, 사회적 자아는 동료들로부터 얻는 '인정과 평가'를 통해 형성된다. 일반적으로 사람들은 일정한 집단에 소속되어 살아가며, 그 집단 구성원들로부터 받은 의견과 이미지의 수만큼 다양한 사회적 자아를 가지고 살아간다.[6]

사회적 자아는 상황과 관계에 따라 다양한 모습으로 드러난다. 예를 들어, 어떤 학생이 부모님이나 선생님 앞에서는 얌전하고 조용한 태도를 보이지만, 또래 친구들 사이에서는 쾌활하고 외향적인 성격을 드러낼 수 있다. 이러한 다양한 사회적 자아는 서로 완전히 일치하기도 하고, 부분적으로만 일치하거나, 전혀 일치하지 않을 수 있다. 이는 개인이 각 관계에서 자신의 역할을 다르게 인식하고, 그에 따라 다른 방식으로 반응하기 때문이며, 이러한 차이는 사회적 자아의 다면성을 보여준다.

한편, 제임스는 사회적 자아 중에서도 특수한 사회적 자아를 언급한다. 이는 개인이 사랑하는 사람들에게서 얻는 자아로, 부모님, 선생님, 친구 등 가까운 사람들로부터 받는 평가와 인정을 통해 형성된다.[7] 이 특수한 사회적 자아는 개인의 정서적 안정과 자아 형성에 큰 영향을 미친다. 특수한 사회적 자아가 인정받지 못하면 개인은 자신이 중요하지 않은 존재라고 느끼면서 심리적으로 깊은 상처를 받을 수 있다. 반대로, 특수한 사회적 자아가 인정받을 때 개인은 무한한 만족감을 느끼며, 자긍심과 자신감을 가지게 된다. 이는 인간이 타인의 인정과 평가를 통해 자신의 정체성과 가치를 확인하고 강화하는 과정을 잘 보여준다.

다. 정신적 자아(Spiritual self)

정신적 자아는 반성적 사고를 통해 인식되는 자아의 내면적 특성을 의미하며, 여기에는 정신 능력, 가치관, 신념, 도덕적 기준 등이 포함된다. 제임스는 자아의 정신적 측면에서 도덕적 태도의 중요성을 강조하면서 그러한 태도를 통해 "이것이 진정한 나야!"라고 말하는 내면의 목소리를 듣게 된다고 말한다.[8]

우리는 자신이 지향하는 가치관이나 신념 등을 통해 자아를 인식하고 그러한 가치관이나 신념이 올바르다는 것을 확신할 때 긍지와 자부심을 느낀다. 반대로, 자신의 신념이 잘못되었음을 깨닫거나 가치관의 혼란을 겪을 때는 자아가 흔들리거나 무너지는 감정을 느낄 수 있으며 심지어 자아 상실을 경험할 수도 있다.

그렇다면 자신의 신념이 부정될 때 자아를 잃지 않기 위해 그 신념을 고수한다면 자아를 지킬 수 있을까? 물론 자신을 지탱하는 신념을 가지는 것은 중요하다. 하지만 자신의 신념을 무조건적으로 방어하거나 고수하는 것만으로는 진정한 자아를 형성하기 어렵다. 자신의 정신적 자아를 유지하고 성장시키기 위해 정말 중요한 것은, 자신의 신념을 성찰하는 태도이다. 이러한 성찰은 우리가 한 인간으로서 올바른 삶을 추구하고, 가치 있는 삶을 지향하며, '나'라는 자신을 구성하는 정신적 측면들을 더욱 풍부하고 견고하게 만들어준다.

[2] 주체로서의 자아[1]

제임스는 자아를 설명하면서 '주체로서의 자아'라는 측면을 소개한다. '주체로서의 자아'는 객체로서의 자아(Me)를 통합하고 구성하는 역할을 한다. 즉, 주체로서의 자아는 인식 대상으로서의 자아가 아니라 '인식하는 자아'이다. 주체로서의 자아는 매 순간 경험하는 대상이나 사건에 대해 찬성하거나 반대하면서 객체로서의 자아를 끊임없이 형성해 나간다.[9]

이러한 점에서 볼 때, 개인의 모든 사실적 측면이 곧바로 자아로 이어지는 것은 아니다. 주체로서의 자아가 능동적으로 '나의 것'이라고 인식하고 수용한 것을 통해 자신의 자아를 구성하게 된다. 예를 들면, 한 사람이 남성의 신체를 가지고 있더라도, 주체로서의 자아가 자신을 남성으로 받아들이지 않는다면 그 사람의 자아는 자신을 남성이라고 인식하지 않을 것이다. 또 다른 예로, 이민자가 새로운 이주지의 문화를 접하며 살아가는 동안 주체로서의 자아가 특정 문화를 자신의 일부로 받아들이지 않는다면, 그 문화적 정체성은 그의 자아 형성에 중요한 요소로 작용하지 않을 것이다.

자아를 형성한다는 것은 단순히 자신에 대한 사실적 측면을 나열하고 그대로 받아들이는 것이 아니다. 오히려, 우리는 자신의 다양한 측면에 가치를 부여하면서 능동적으로 자아를 구성한다. 당신은 어떤 선택을 통해 자신의 자아를 형성하고 있는가? 그 자아를 구성하는 중요한 요소들은 무엇인가?

04 당신은 누구입니까?

자아정체성은 '당신은 누구입니까?'라는 물음에 대해 자신이 내놓는 답변을 통해 드러난다. 즉, 자아정체성이란 나 자신이 '나'를 어떻게 이해하고 받아들이는가를 나타낸다. 우리는 종종 사람들을 특정 유형으로 분류하여 그들 사이의 연관성을 찾으려 한다. 그것이 적절한지 정확한지와 상관없이 우리는 혈액형, MBTI, 성격 유형 등 다양한 기준으로 사람들을 분류하며 공통된 특성들을 통해 자신과 타인을 이해하려고 노력한다. 이러한 시도들은 단순한 재미를 넘어 자신을 알고 이해하려는 마음을 반영한다. 하지만, 어떤 유형으로 사람들을 분류할 수 있다 하더라도 그 특성만으로 한 개인의 복잡하고 고유한 본질을 온전히 담아낼 수는 없다. 각 개인은 이 세상의 누구와도 동일하지 않다. 만약 모든 사람이 똑같고 대체 가능한 존재라면 정체성을 탐색하거나 자아를 찾으려는 노력조차 필요하지 않을 것이다.

'정체성'은 '자아'를 기반으로 형성되며, 개인이 자신의 특성과 가치를 이해하고 사회적 관계와 경험 속에서 자신을 하나의 통합된 존재로 인식하는 방식을 나타낸다. 심리학자 에릭슨(E. H. Erikson)은 2차 세계 대전 이후 신경증으로 고통받는 군인들의 삶을 연구하면서 처음으로 자아정체성(ego identity)이라는 용어를 제시하였다. 그는 참전 후 겪은 극심한 스트레스와 트라우마로 인해 전쟁 이전과 이후의 자아 간 단절을 경험하는 군인들의 모습에 주목했다. 이들은 자신이 누구인지 알고 있었지만, 그들의 경험과 삶이 더 이상 연결되지 않는 것처럼 느끼며 극심한 혼란을 겪었다. 에릭슨은 이러한 단절과 혼란을 자아정체성의 상실로 설명했다.[10]

에릭슨이 정의한 '정체성'이란 자신의 내적 경험(감정, 가치관, 목표 등)과 외부의 사회적 기대(문화적 규범, 역할, 타인의 기대 등)를 통합하여 "나는 누구인가?"에 대한 명확하고 일관된 이해를 형성한 것을 의미한다. 그는 정체성이 단순히 주어진 것이 아니라, 성장 과정에서 다양한 경험을 통해 점진적이고도 역동적으로 형성되는 것이라고 보았다.

여기서 에릭슨이 제시한 자아정체성의 의미를 파악하기 위해서는 '통합성'이라는 개념을 이해할 필요가 있다. 자아정체성이 형성되었다는 것은 과거와 현재, 그리고 미래라는 연속적인 흐름 속에서 자신을 이해하며 자신의 다양한 요소들을 조화롭게 통합한 상태를 의미한다. 나의 말과 행동, 선택, 많은 경험이 모두 '나'에 의해 실행된 것이지만 '나'라는 자아에 적절하게 통합되지 못한다면 우리는 자아정체성의 혼란을 겪을 것이고 자아를 잃어버린 느낌을 받게 될 것이다. 따라서, 다양한 특성과 경험들 그리고 그때 느꼈던 감정들이 자아에 어떻게 통합되는지가 자아정체성 형성의 핵심이다.[11]

여기서 중요한 것은 자아정체성은 고정된 것이 아니라는 점이다. 자아정체성은 위기와 탐색을 통해 '끊임없이 수정되는' 변화 가능성을 지닌다. 자아가 성장하면서 우리는 정체성의 위기를 겪을 수도 있으며 그러한 위기를 통해 자아가 변화하거나 성장할 수도 있다.[12] 즉, 자아정체성은 외부에서 주어지는 것이 아니라, 위기와 탐색을 거치면서 능동적으로 구성되는 것이다.

따라서, 우리는 스스로에게 질문을 던져야 한다. "나는 나의 다양한 특성들을 '나'라는 자아에 어떻게 통합하여 정체성을 형성했는가?" 그리고 "어떤 특성은 나의 정체성에 중요하게 작용하고, 어떤 특성은 나의 정체성과 무관하게 여겨지는가?"

---

05 '나'를 존재하게 만드는 관계

○ 나를 동일한 '나'로 만드는 것은 무엇인가?

정체성에 대해 고민하면서 우리는 종종 이런 질문을 떠올리게 된다. "'나'를 '나'라고 할 수 있는 고유한 것은 무엇일까?", "무엇이 나를 나답게 만드는가?" 우리는 시간의 흐름 속에서 자신이 변화하고 있음을 느낀다. 우리는 다양한 경험을 하면서도 그 과정에서 '나'라는 자신을 동일한 '나'라고 인식한다. 그렇다면 경험적 자아가 끊임없이 변화하는데도 우리는 어떻게 나 자신을 동일한 '나'로 인식할 수 있는 것일까?

이 물음에 답하기 위해, 영국의 철학자 로크(J. Locke)가 제시한 흥미로운 사유 실험에 함께 참여해 보도록 하자.

> 어떤 왕자의 영혼이 그 왕자의 과거 생활의 의식을 수반하면서
> 구두 수선공의 신체에 구두 수선공의 영혼이 떠나버리는 그 순
> 간 구두 수선공의 신체로 들어가서 생기를 불어넣는다고 하자.
> 그렇다면 왕자의 영혼을 지닌 구두 수선공은 왕자인가, 구두 수
> 선공인가?[13]

여기 한 왕자와 구두 수선공이 있다. 이때, 왕자의 기억과 의식이 구두 수선공의 몸에 들어간 상황을 상상해보자. 이 경우, 구두 수선공의 몸을 가진 이 사람은 왕자인가, 구두 수선공인가? 이러한 질문은 단순한 철학적 사고 실험에 그치지 않는다. 이와 같은 문제 제기는 과학, 의료, 그리고 AI 기술이 발달한 현대사회에서도 여전히 중요한 의미를 지닌다. 예를 들어, "나의 신체에 다른 사람의 기억이 이식된다면 나는 여전히 나일까, 아니면 그 사람이 되는 것일까?", "어떤 사람의 두뇌에 다른 사람의 기억과 의식을 이식하면, 이전에 그 사람이 저지른 행동에 대한 책임은 누구에게 있는가?"

이러한 사유 실험에서 우리는 '나'를 '동일한' 나로 만드는 근거가 무엇인지 생각해 보게 된다. '나'라는 존재는 누구와도 같지 않다. 우리는 무엇에 근거하여 나의 존재를 항상 같은 '나'라고 인식하게 되는 것일까? 내가 어제 입었던 옷을 갈아입고 오늘 새 옷을 입었다면 다른 사람이 되는 것일까? 나의 머리 모양을 바꾸면 다른 내가 되는 것일까? 내가 신장을 장기이식 받으면 다른 사람이 되는 것일까? 심장을 장기이식 받으면 다른 사람이 되는 것일까?

영국의 철학자 로크는 이런 사유의 열쇠를 제공하면서 자아 동일성 문제에 대해 논의한다. "계속 존재하는 내가 동일한 나라고 말할 수 있는 근거는 무엇인가?"라는 물음은 '자아 동일성(self-identity)'

에 대한 문제와 관련되어 있다.

로크의 자아 동일성을 이해하려면, 그가 '인간 동일성(man identity)'
과 '인격 동일성(person identity)'을 구분했다는 점을 아는 것이 중요하
다. '인간 동일성'은 신체가 가진 생명력, 즉 살아 있다는 상태를
기준으로 판단된다.

> (인간 동일성이란) 끊임없이 바뀌어 가는 물질분자가 같은 신
> 체 체제에 생명력을 유지 시키면서 계속 존재하고, 같은 신체
> 조직에 통합되어 연속적으로 생생하게 활력을 불어넣는 것을
> 의미한다.14

우리 몸은 시간이 지나면서 계속 변하고 세포도 바뀌지만, 생
명 활동이 유지된다면 여전히 같은 '인간'으로 여겨질 것이다. 이를
테면, 아무리 똑똑한 고양이라도 그들을 인간으로 보지 않는 이유
는 그들의 신체와 생명 활동이 인간과 다르기 때문이다. 로크는, 비
록 신체가 조금씩 변화하더라도 생명 활동이 계속되고 인간의 모습
을 유지하고 있다면, 그 사람은 인간 동일성을 가진 것으로 본다고
설명한다.

한편, 로크는 인간 동일성과 구분되는 '인격 동일성'의 의미를
제시한다. 인격 동일성은 동일한 신체를 가진 사람이 항상 동일한
인격을 유지한다고 단정할 수 있는지에 대한 질문에서 출발한다.
우리가 누군가를 동일한 사람으로 여기는 이유는 단지 그가 물리적
으로 동일한 신체를 가지고 있기 때문만은 아니다. 우리는 종종
"과연 나는 누구인가?"라는 질문을 하게 되는데, 이러한 질문이 바
로 인격 동일성의 본질을 다루는 출발점이 된다.

인격이란 이성과 성찰을 지니고 그 자체로서, 시간과 장소의 변화에도 불구하고 항상 동일한, 사유하는 지적인 존재라고 나는 생각한다. 인격은 사유에서 분리할 수 없고 사유에 본질적이라고 생각되는 의식에 의해서만 자기 정체성을 확인한다. (…) 의식은 항상 사유를 수반하여 그것은 모든 사람으로 하여금 그가 '자기'라고 부르는 것이 되게 하고 또 그렇게 함에 의해서 그 자신을 모든 다른 사유하는 사물들과 구별하는 것이므로, 의식에 의해서만 인격적 정체성 즉 이성적 존재의 동일성(sameness)이 확보된다. (…) 이 의식이 과거의 어떤 행동이나 생각이 미칠 수 있는 그만큼 그 인격의 정체성이 확보된다. 그것은 지금도 그때와 동일한 자기인 것이며 그 행위가 행해졌었던 것은 지금 그것에 대해서 반성하는 이 현재의 자기와 동일한 자기에 의해서이다.[15]

로크는 인격 동일성의 근거를 의식과 자기 인식의 연속성에 두었다. 그의 주장에 따르면, '의식의 동일성'이 동일한 인격을 유지하는 근거가 된다.[16] 여기서 '인격'이란 단순히 몸이나 외형이 아니라, 생각하고, 느끼며, 성찰할 수 있는 지적 존재를 의미한다. 즉, 시간과 장소가 바뀌어도 자신을 같은 사람으로 인식할 수 있는 능력이 인격 동일성을 만드는 핵심이다.

자, 그렇다면 우리가 앞에서 참여했던 로크의 사유 실험으로 돌아와 보자. 한 왕자가 다른 사람을 해치는 잘못을 저질렀다고 가정해보자. 이후, 왕자의 영혼이 구두 수선공의 몸으로 옮겨졌다면, 이 경우 과연 그 잘못에 대한 책임은 누구에게 있을까? 로크에 따르면 왕자의 기억과 의식을 지닌 구두 수선공에게 그 책임이 있다. 로크는 외형이나 신체적 특징이 아닌 기억과 의식의 연속성, 즉 정신적 사유의 연속성을 자아동일성의 기준으로 보기 때문이다.

이러한 관점은 자아의 선택과 행동에 대한 책임을 설명하는 근거를 제공한다. 기억과 의식을 통해 동일성을 유지하는 자아는 자신의 행위에 책임을 지는 존재가 된다. 따라서 왕자의 영혼이 들어간 구두 수선공이 왕자의 정체성을 지닌 인물이며, 그의 행동에 대한 책임을 져야 한다는 것이 로크의 결론이다. 결국, 기억과 의식을 통해 자신을 동일한 존재로 인식할 수 있는 자아야말로 자신의 행동과 의식에 대해 책임을 지는 주체인 것이다.

○ 여전히(still) 앨리스가 될 수 있는 이유는 무엇일까?

그렇다면, 나의 기억이 사라진다면 나의 존재는 어떻게 될까? 나의 기억이 사라진다면 나의 육체는 존재하겠지만 나의 정체성은 형성될 수 없는 것일까? 내가 사고 능력이 약해져 기억이 희미해진다면 '자아'도 사라져 버리는 것일까?

영화 〈스틸 앨리스(Still Alice)〉는 알츠하이머를 겪는 앨리스의 이야기를 통해, 기억과 정체성, 그리고 관계에 대한 깊은 질문을 던진다. 영화는, 앨리스가 자신에 대한 기억을 상실해가는 과정에서 여전히 '스틸(still) 앨리스'가 될 수 있는 근거가 무엇인지 묻는다.

앨리스는 대학에서 언어학을 가르치는 교수로서 남편과 성장한 세 자녀와 함께 행복하게 살아가고 있었다. 그런데 어느 날 기억이 흐릿해지고 단어가 잘 생각나지 않는 일들이 생겨난다. 앨리스는 밤중에 깨어 남편에게 말한다. "내 일부가 사라지는 느낌이야.", "뇌가 죽어가는 기분이야. 내가 평생 이룬 것들이 사라질 거라구. 전부다!" 앨리스는 기억이 사라지는 과정에서 자신의 존재가 사라지는 것처럼 느낀다. 그리고 말할 수 있는 단어가 하나씩 사라지고 알아왔던 사람들을 기억할 수 없게 된다. 앨리스가 기억을 잃어가는 자신을 느끼면서 "차라리 암이었으면 좋겠다. 그러면 창피하지만은 않았을 텐데"라고 말하는 장면은 알츠하이머로 기억이 사라지는 것이 단지 고통의 문제가 아니라 관계 속 자아의 존재 문제라는 것을 잘 드러낸다.

이 영화는 제노바(L. Genova)의 《STiLL AliCE》라는 소설을 원작으로 제작된 것이다. 원작 소설은 하버드 대학 신경학 박사과정에 있던 제노바가 알츠하이머에 걸린 할머니에게서 모티브를 얻어 쓴 것이다. 이 책의 표지에서 '나'를 나타내는 'I'는 소문자 'i'로 표기되어, 기억과 함께 상실되어 가는 '자아'를 상징적으로 잘 드러낸다. 기억의 상실은 내가 누구인지 의식하는 것을 어렵게 만들며 결정적으로 정체성의 토대를 약화시킨다.

기억을 잃어간다는 것은 단지 과거를 잃는 것이 아니라, 관계 속에서 자신의 존재가 점점 흐려지는 고통을 의미한다. 앨리스는 한때 사랑했던 단어와 사람들, 스스로 쌓아 올린 업적이 모두 사라질까 두려워한다. 그러나 영화는 단순히 기억의 상실에만 머물지 않는다. '스틸(still) 앨리스'라는 제목이 드러내듯이 영화는 그녀가 기억을 잃어감에도 불구하고 여전히 '앨리스'로 남을 수 있는 가능성에 대해 묻는다.

우리는 매 순간을 기억하며 살아갈 수 없다. 하지만 기억이 사라져도 삶의 과정에서 느끼는 사랑과 배려 등은 우리의 어딘가에 남아 있다. 《STiLL AliCE》의 저자 제노바는 자신의 임상 경험을 바탕으로 한 TED 강연에서 알츠하이머에 걸리더라도 감정적 기억은 사라지지 않는다고 말한다. 이러한 제노바의 주장은 우리 인간이 기억 이상의 존재라는 중요한 메시지를 담고 있다.[17] 기억은 사라질 수 있지만 우리는 여전히 사랑과 기쁨을 이해하고 느낀다. 그 감정들은 매 순간의 경험과 관계를 통해 독특하고 깊이 있는 울림을 가진다.

앨리스는 기억을 잃어가는 과정에서도 세상의 일부로 남으려 애쓴다. 그녀는 사람들과 연결되고, 사랑과 배려를 나누며, 앨리스라는 자신의 이름을 붙들고자 노력한다. 영화는 기억을 잃어감에도 불구하고 세상의 일부가 되고자 애쓰는 앨리스의 노력을 통해 그녀가 여전히 '앨리스'가 될 수 있는 가능성을 보여준다. 또한 주변 사람들의 기억과 사랑이 앨리스가 살아가는 데 큰 힘이 된다는 것을 보여준다. 이 영화는, 기억을 잃어가는 앨리스가 예전과 완전히 같은 모습은 아닐지라도, 세상의 일부로 남기 위해 끊임없이 노력하는 그녀의 의지와 또 한편으로는 그녀를 여전히 '앨리스'로 존재할 수 있게 만드는 사람들의 관심과 사랑이 얼마나 소중한지 말해준다.

우리의 정체성은 단순히 내가 기억하는 '나'로만 이루어지지 않는다. 그것은 나를 둘러싼 사람들과의 관계, 그 안에서 주고받는 사랑과 이해, 그리고 타인의 기억 속에서 형성된다. 나의 정체성은 나와 관계 맺고 살아가는 사람들과 그 관계 속에서 나누는 사랑, 배려, 이해 등과 무관할 수 없다. 앨리스는 기억 속에서 사라져가는 자신을 느끼며 힘들어하지만, 그녀의 가족과 친구들은 여전히 그녀를 붙들고, 그녀를 사랑하며 함께한다. 영화는 앨리스가 비록 이전과 같은 모습은 아니더라도, 타인과의 관계 속에서 여전히 소중한 존재로 남아 있음을 보여준다.

자아정체성은 나를 둘러싼 '관계'와 분리될 수 없다. '자아(self)'라는 개념은 겉보기에는 하나의 고유한 존재처럼 보이지만, 사실은 수많은 관계와 경험으로 구성된 것이다. 내가 타인과 맺은 모든 관계, 함께했던 순간들, 그리고 서로를 기억하는 흔적들이 모여 '나'라는 존재를 만들어간다. 부모님의 걱정과 사랑, 친구의 기쁨 어린 응원, 동료들과 나눈 고민과 위로, 이 모든 것들이 모여 '나'라는 존재를 형성하는 것이다. 그것이 나를 이끌고 내가 무엇인가에 헌신하게 만든다.

〈스틸 앨리스〉는 단지 한 개인의 기억 상실의 이야기가 아니다. 그것은 인간의 정체성이 타인과의 관계와 사랑 속에서 형성되고 유지되는 과정이라는 사실을 보여준다. 정체성이란 혼자가 아닌, 함께 나눈 순간들로 이루어진 관계의 총합이다. 우리는 타인의 정체성 속에 온기를 더하고, 또 타인 속에서 '나'라는 존재를 발견하며 살아가는 존재들이다. '나'는 타인의 존재와 관심 속에서 비로소 존재하며, 나 또한 타인의 정체성에 온기와 힘을 주는 그러한 사람 중 하나일 것이다.

06   우리에게 거울은 왜 필요한 것일까?

○ **첫 번째 물음**

투명 인간으로 살아갈 수 있다면?

어느 날 길을 가다 우연히 반지 하나를 주웠다고 해보자. 그런데 우연히 그 반지를 오른쪽으로 한 바퀴 돌렸더니 갑자기 내가 투명 인간이 되어서 다른 사람이 나를 볼 수 없게 되었다. 처음에는 믿을 수 없어 놀라고 당황하지만, 이내 반지의 신비한 힘을 깨닫고 이런 생각을 할 수 있을 것이다. "아니, 이런, 신기한 반지네! 이 반지로 무얼 할 수 있을까? 갑자기 신이 나는데?" 자, 당신은 그 반지를 가지고 싶은가? 왜 그 반지를 원하는가?

영화나 드라마에서 등장할 법한 이 반지 이야기는 그리스 철학자 플라톤(Platon)의 저서 《국가》 2권[18]에 등장하는 것으로 기게스의 반지(Ring of Gyges)라는 이름으로 널리 알려져 있다. 이 반지는 주인을 투명하게 만들어 남몰래 어떤 일도 할 수 있게 해준다. 플라톤은 이를 통해 인간의 도덕성과 탐욕을 시험하는 철학적 질문을 제기한다. 한편 이와 관련해, 우리는 영화 〈반지의 제왕〉에 등장하는 '절대 반지'를 떠올릴 수 있다. 이 반지 또한 권력과 탐욕을 상징하며 선과 악 사이의 갈등을 드러낸다.

자, 어떤가? 당신은 기게스의 반지를 원하는가? 당신은 이 반지를 원할 수도 있고 그렇지 않을 수도 있다. 그렇다면 다음과 같은 상황에서도 여전히 반지를 원하게 될까? 다음 물음에 신중히 생각하길 바란다. 당신이 반지를 끼고 투명 인간이 되면 영원히 투명 인간이 되어 다시는 원래 모습으로 돌아올 수 없다. 그래도 당신은 그 반지를 계속 끼고 살아가기를 원하겠는가?

자, 이제 생각이 달라지는가? 아마 우리 대부분은 '영원히' 투명 인간으로 살아가는 것을 원하지 않을 것이다. 선과 악 사이의 잠깐의 유혹보다 더 중요한 것은 바로 '나'라는 존재가 타인과 함께 이 세상에서 살아가야 한다는 것이다. 타인의 인정이나 명예도 사회에서 함께 살아가는 관계 속에서 의미를 지니는 것이다. '나'는 나에 의해서 그리고 타자에 의해서 끊임없이 발견되어야 하는 존재이다. 그렇다면 타자와의 관계에서 '나'라는 존재는 어떻게 발견되는 것일까? 그것은 어떤 의미가 있는 것일까?

○ 두 번째 물음

우리는 거울에서 무엇을 보는 것일까?

사회학자 쿨리(C. Cooley)는 '거울 자아'라는 개념을 통해 타자와의 관계에서 자아를 인식하고 정체성을 형성하는 과정을 설명한다. '거울 자아'의 핵심은 인간이 자아 개념을 형성할 때 사회적 타인을 의식하며 타인의 생각이나 판단에 영향을 받는다는 것이다. 쿨리에 의하면 고립된 개인이란 존재하지 않는다. "사회와 개인은 분리될수 있는 현상이 아니라 동일한 것의 다른 측면"을 나타낸다.

> 고립된 개인이란 경험적으로 알 수 없는 추상적인 것이다. 개인과 분리된 사회라는 것도 마찬가지이다. (…) '사회'와 '개인'은 다른 현상을 가리키는 것이 아니라 동일한 것의 집합적 측면과 분산적 측면을 가리키는 것이다. (…) 그러나 개인을 말할때는 이러한 일반적 측면을 무시하고 마치 고립된 개인인 양취급하고 있다.[19]

그렇다면 '거울 자아'란 무엇을 의미하는 것일까? '거울 자아'란 '다른 사람들이 나를 어떻게 보고 있는가에 대한 인식과 느낌을통해 형성된 자기 이미지'를 말한다. 우리는 사회 속에서 자신의 다면적인 모습을 발견할 수 있는 역동적인 다양한 거울을 가지고 있다. 이때 거울이란 나를 비추는, 즉 '나를 인식하는 타인(혹은 나를 인식하는 것처럼 여겨지는 타인)'을 말한다.

거울 자아를 가지게 된다는 것은 나의 관점뿐만 아니라 타인의 다양한 관점을 의식한다는 것을 의미한다. 이것은 단지 다른 사람의 눈치를 본다는 부정적 의미를 나타내는 것은 아니다. 타인의 관점을 의식한다는 것은 인간이 자기중심성에서 벗어나 타인의 마음을 헤아리고 자신에 대해 돌아볼 수 있는 능력이 생겼다는 것을 의미한다. 인간은 사회에서 상호작용을 통해 타인의 관점을 인식하게 되고 타인의 반응과 사회적 기준을 파악하면서 자아를 형성해 나간다.

다른 사람들이 바라보는 '나'의 모습, 혹은 다른 사람들이 평가한다고 생각되는 모습은 자아 형성에 영향을 준다. 그런데, 여기서 우리는 '거울 자아'를 통해 자아가 형성되는 심리적 메커니즘을 분명하게 이해할 필요가 있다. '김철수'는 김철수 자신이 생각하는 자신의 모습을 통해서만 자아를 형성하는 것이 아니다. 그렇다고 다른 사람들이 '김철수'에 대해 생각하는 이미지가 곧, '김철수'라는 자아를 구성하는 것도 아니다. 김철수는 다른 사람들이 그에 대해 보여주는 반응을 통해(실제 반응이 없을 수도 있고 그러한 반응이 가시적이지 않을 수도 있다) 그들이 김철수에 대해 어떻게 생각할지 상상하고 느끼면서 '김철수'라는 자아를 형성하게 되는 것이다.

거울 자아를 통해 자아를 형성하는 인간의 '심리적 과정'을 쿨리는 다음 세 단계로 설명한다.

> 자아 개념은 세 가지 주요한 요소를 갖는다. 다른 사람에게 비
> 춰진 자신의 모습에 대한 상상, 그 모습에 대해 타인이 어떻게
> 판단할 것인가에 대한 상상, 그리고 자부심이나 굴욕과 같은
> 일종의 자기감정이 그것이다.[20]

거울 자아를 통한 자아 형성 단계를 구체적으로 설명하면 다음과 같다.

첫째, 타인에게 비춰진 '나'의 모습을 상상하는 단계 이 단계의 핵심은 타인의 관점에서 나의 모습이 어떠한 이미지로 '인식'되는지를 떠올리는 데 있다. 예를 들어, 머리를 짧게 자른 내 모습이 타인에게 눈에 띄지 않는지 또는 너무 급격한 변화로 보일지 상상하는 것이다. 이때 중요한 것은 '나의 외모나 행동을 보는 타인의 관점을 상상'하는 것이다. 따라서 내가 상상하는 타인의 관점이 실제 타인의 관점과 일치할 수도 있고 다를 수도 있다.

둘째, 타인이 내 모습을 어떻게 판단하고 평가할지 상상하는 단계 이 단계는 타인이 나의 모습을 어떻게 평가할지 추측하는 과정이다. 즉, 자신의 외모나 행동이 타인에게 긍정적으로 혹은 부정적으로 판단되는지 상상하는 것이다. 이 과정에서는, 타인의 반응을 관찰하고 해석하여 그들이 '나'에 대해 어떻게 판단하고 평가하는지 상상한다. 예를 들면, 내가 어떤 말이나 행동을 했을 때 타인의 미소나 표정, 혹은 무반응과 같은 행동을 통해 그들이 나를 어떻게 평가하는지 상상하는 것이다. 그런데, 타인이 특별한 반응을 하지 않을 때도 우리는 그들이 나를 어떻게 판단하고 평가하는지 상상할 수 있다.(실제로 타인이 나에 대해 그렇게 평가하는지 확인하기 어려울 수 있고 타인의 평가에 대한 나의 상상이 맞지 않을 수 있다!).

셋째, 타인의 평가에 근거하여 자부심이나 수치심 그리고 굴욕감이라는 감정을 느끼는 단계 이 단계는 타인의 반응에 따라 자신에 대한 긍정적 혹은 부정적 감정을 경험하는 과정이다.

우리에게 자부심이나 수치심을 갖게 하는 것은 (…) 전가된 감정이다. 이는 우리가 자신을 바라볼 때 타인의 특성과 타인이 차지하는 비중에 따라 우리 감정이 달라진다는 사실에서 분명해진다. 우리는 정직한 사람 앞에서 정직하지 못함에, 용감한 사람 앞에서는 소심함에, 세련된 사람 앞에서는 천함을 부끄러워한다. 우리는 다른 사람의 생각을 상상한다.[21]

우리는 거울 자아를 통해 타인의 평가를 인식함으로써 긍정적 또는 부정적 감정을 느끼게 되고 이러한 감정은 자아 형성에 영향을 미친다. 즉, 자아에 대한 감정은 단순히 개인 내적인 것이 아니라, 우리가 마주하는 타인과 그들과의 관계 그리고 그들이 지닌 특성에 따라 달라지는 것이다.

우리는 거울 없이 살아갈 수 없다. 하지만, 우리는 자신을 비추는 거울을 갈망하면서도 한편으로는 부담을 느끼기도 한다. 우리는 타인이라는 거울의 영향을 받아 자아를 형성하고, 우리 자신 또한 누군가의 거울이 된다. 나를 둘러싼 거울을 떠올리면서 다음과 같은 질문을 던져보자. "나는 어떤 거울을 가지고 있을까?", "내 주위의 거울은 나의 자아를 형성하는 데 어떤 영향을 주고 있을까?", "나는 다른 사람에게 어떤 거울이 되고 있을까?"

○ 세 번째 물음

쿨리의 '거울 자아 이론'에서 제시하는 사회란 무엇일까?

쿨리가 제시한 '거울 자아'에서 중요한 것은 '사회'라는 개념이다. 쿨리는 우리가 타인이라는 거울을 통해 자아를 형성할 때, 그 거울이 주는 메시지들이 단지 개인적 반응이 아니라 사회적 특성을 내포한다는 점을 강조한다. 즉, 타인이라는 거울의 반응은 단순히 개별적인 판단에서 나온 것이 아니라, 그들이 속한 사회의 가치, 규범, 기대를 반영한다는 것이다. 그런데, '거울 자아'에서 '사회'란 무엇인가? '거울 자아'에 '사회'가 들어설 곳이 있을까?

사회심리학자 미드(G. H. Mead)는 쿨리의 거울 자아 이론이 개인의 자아 형성 과정에서 '사회적' 측면을 충분히 설명하지 못했다고 비판한다. 미드에 따르면, 쿨리의 이론에서는 사회조차도 심리적 존재가 되어버리고, 자신의 자아도 타인들의 자아도 현실 속 존재가 아닌 상상 속의 추상적 관념에 불과하게 된다.[22] 이러한 미드의 비판은 쿨리의 이론이 타인의 관점이나 시선에만 초점을 맞추는 데 그치며, 사회를 구성하는 복잡한 상호작용과 규범, 구조를 충분히 설명하지 못한다는 점을 지적한다. 즉, 쿨리의 거울 자아 이론에서 사회는 구체적인 제도나 체계로 드러나기보다는 인간의 심리적 관계 속에서 나타나는 추상적 개념이라는 것이다. 미드의 이러한 비판을 통해 우리는 타인의 관점이나 시선만으로 설명될 수 없는 사회의 또 다른 특성에 주목하게 된다. 자아 형성에 영향을 미치는 '사회'라는 실체를 어떻게 나타낼 수 있을까?

07 사회적 상호작용과 자아의 형성

미드(G. H. Mead)에 따르면, 개인이 '자아'를 형성하려면 반드시 공동체의 사회구성원이 되어야 한다. 자아는 본질적으로 사회적이며, 사회적 경험 없이는 자아라는 개념 자체가 성립할 수 없다. 이

점에서 미드의 생각은 쿨리와 유사하지만, 미드는 '사회'라는 실체에 더 깊은 관심을 둔다.

미드는 사회를 다양한 사람들의 복잡한 상호작용으로 이루어진 구체적인 실체로 본다. 이를 설명하기 위해 그는 사회 체계와 구조를 형성하고 유지하는 데 핵심적인 역할을 하는 '사회적 상징'이라는 개념을 제시한다. 사회적 상징이란 사회 구성원이 공유하는 언어, 기호, 문화 등을 뜻하며, 이를 통해 사람들은 서로 소통하고 사회 규범을 배우며 서로의 행동을 이해하고 조정한다.

예를 들어, 누군가 고개를 끄덕이면 우리는 그것이 동의의 표시임을 알아차린다. 이렇게 제스처, 말투, 언어, 문화적 관습과 같은 사회적 상징을 통해 사람들은 서로의 행동을 해석하고, 생각과 의도를 전달하며, 의미를 공유한다. 미드는 사회적 상징을 통한 사회적 상호작용이 사회와 자아를 형성하는 핵심이라고 강조한다. 즉, 자아는 혼자서 형성될 수 없으며, 우리는 사회라는 큰 틀 속에서 타인의 행동을 이해하고 반응하며 자아를 형성해 나가는 것이다.[23]

사회적 상징은 단순히 의사소통을 위한 도구를 넘어, 사회 구성원 간에 규범과 의미를 공유하며, 자아를 형성하는 데 중요한 역할을 한다. 이런 점에서 미드는 자아와 인간 정신이 개인적인 것이 아니라 사회적으로 구성된 것이라고 보았다. 즉, 개인의 마음과 자아는 인간 개인의 고유한 속성이 아니라, 사회적 소통과 경험의 과정에서 발생하고 형성되는 것이다. 우리의 생각과 행동은 모두 이런 사회적 과정 속에서 형성되며 지속적으로 변화해 간다.

○ 일반화된 타자

　미드는 자아가 사회적 상호작용을 통해 형성된다고 말하며, 이 과정을 두 가지 발달 단계로 설명한다. 첫 단계에서, 자아는 '특수한 타자(significant other)'와의 사회적 상호작용 과정을 통해 형성된다. 이 과정에서 아동은 자신에 대한 타인의 태도와 기대를 인식하고 이를 내면화함으로써 자아를 구성한다. 특수한 타자는 아동의 초기 발달 과정에서 중요하게 영향을 미치는 인물로, 주로 부모, 형제자매, 가까운 가족 구성원 또는 아동이 자주 상호작용하면서 애착을 형성한 사람들을 말한다. 아동은 이러한 특수한 타자들과의 상호작용에서 그들의 사회적 행위를 인식하고 학습함으로써 자아를 발달시킨다.

　자아가 발달하는 두 번째 단계에서는, 자기가 속한 공동체와 집단의 '일반화된 타자(generalized other)'를 통해 사회 집단의 사회적 태도를 조직화함으로써 자아가 구성된다.[24] 그렇다면 '일반화된 타자'란 무엇일까? 일반화된 타자란 특정한 개인을 일컫는 개념이 아니라, 사회적 맥락 속에서 공유된 집단의 관점과 규범을 상징하는 개념이다. 미드에 따르면, 일반화된 타자는 사회 구성원들이 공유하는 규범, 기대, 태도를 내포하며, 이를 통해 개인은 자신의 행동이 사회적 맥락에서 어떻게 평가될지를 이해하고 조정한다. 이러한 과정에서 개인은 사회 규범과 가치를 내면화하며 자신의 행동 지침으로 삼게 된다. 이로써 개인은 사회적 자아를 형성하고, 사회적 관계 속에서 자신이 맡은 역할을 수행하게 된다. 즉, 자아의 형성 과정은 '특수한 타자'를 거쳐 '일반화된 타자'의 사회적 규범과 역할을 내면화함으로써 사회적 존재로서 성장하는 과정이라고 할 수 있다.

○ 자아, 형성되는 것일까? 형성하는 것일까? — 'Me'와 'I'

미드는 자아의 형성을 설명하기 위해 두 가지 측면인 'Me'와 'I'를 제시하였다. 이 두 요소는 자아를 구성하는 데 필수적이며 서로 상호작용하면서도 뚜렷하게 구분되는 역할과 특성을 가진다. 그렇다면, 'Me'와 'I'는 무엇이며 서로 어떻게 영향을 주고 받는 것일까? [표2]는 Me와 I의 의미와 특성을 간략히 정리한 것이다.

'Me'는 '객체적 자아'이다. 개인은 사회적 상호작용을 통해 '일반화된 타자'를 내면화여 'Me'를 형성한다. 즉, 'Me'는 사회 규범, 관습, 법률 등의 사회적 기대를 내면화한 사회적 자아로서 개인이 자신의 판단과 행동을 사회적 맥락에서 평가하고 조율할 수 있게 한다. 'Me'는 또한 'I'가 유발하는 개인적 욕구나 행동을 사회적 규범에 맞게 조절하는 역할을 한다. 한편 'I'는 '주체적 자아'로서, 개인의 욕구나 충동, 창의적이고 개성적인 측면을 나타내며 'Me'에

표 2 | 미드(G. H. Mead)가 제시한 Me와 I의 특성

	Me	I
	객체적 자아	주체적 자아
차이점	• '일반화된 타자'의 규범과 태도를 내면화한 자아의 사회적 측면	• 개인의 욕구와 개성 • 개인의 자율성과 창의성
	• I의 충동이나 욕구를 사회적 규범에 맞게 조절함	• Me에 대한 반응과 성찰을 통해 Me의 측면을 지지하거나 비판하는 반응을 나타냄
Me와 I의 관계	• Me와 I는 상호작용하지만 서로 구분되는 자아의 측면임	
공통점	• Me와 I 모두 사회적 경험을 통해 형성됨 • Me와 I 모두 자아를 구성하는 데 반드시 필요한 요소	

대한 반응이라는 측면에서 존재 의의를 지닌다.[25]

'Me'와 'I'는 사회적 경험 속에서 함께 형성되며, 성숙한 자아는 이 두 측면의 균형 속에서 성장한다. 'Me'가 형성되지 않을 경우 사회에서 타인들과의 체계적인 사회적 상호작용이 어렵고, 'I'가 형성되지 않으면 타자와의 상호작용은 단지 기계적 과정에 불과하게 된다.

그런데, 성숙한 자아는 사회적 체계와 규범에 적절한 방식으로 반응하면서도, 사회를 변화시킬 수 있는 창의성과 자율성을 나타낸다. 미드는 자아의 형성에서 'I'의 성찰적 측면에 주목하면서 자아의 성장과 사회의 변화 가능성을 강조한다. 미드는 개인이 단순히 사회가 정해놓은 규범과 질서를 수용하는 데 그치지 않고, 'I'가 그 규범에 의문을 제기하고 변화의 가능성을 열어갈 수 있음을 강조했다. 미드는 이러한 예시로, 예수나 소크라테스를 제시한다. 예수는 당시 인간에 대한 편견과 배타적 관습을 뛰어넘어, 사랑과 포용의 가치를 강조하면서 기존의 사회 질서에 도전했다. 마찬가지로, 소크라테스는 성찰적 사고를 통해 기존의 사회 규범과 도덕적 기준에 대해 끊임없이 물음을 던졌다. 미드는 이처럼 'Me'에 질문을 던지고 비판적 관점을 제시하는 'I'의 성찰적 측면을 통해, 우리 사회가 편견에서 벗어나 더 큰 사회적 연대를 이루어나갈 수 있다고 강조한다.[26]

이처럼 미드는 자아가 사회 속에서 주어진 틀에 갇히지 않고, 끊임없는 질문과 성찰을 통해 자신과 세상을 새롭게 구성해 나갈 수 있다고 보았다. 즉, 자아는 단순히 사회의 산물이 아니라, 사회에 대해 성찰하고 의문을 제기하면서 변화와 성장을 이끌어 낼 수 있는 능동적인 존재인 것이다. 자아는 사회의 구조와 규범을 비판하며 이를 변화시킬 수 있는 힘을 가지고 있다. 동시에 변화된 사회는 다시 자아의 성장과 발전에 영향을 미치면서 새로운 가능성을 열어준다. 그렇다면 우리는 변화하는 사회 속에서 어떤 자아를 형성해 나가고 있을까? 그리고 우리의 자아는 사회에 어떤 변화를 만들어낼 수 있을까?

08 나를 만날 수 있는 용기

우리는 어떤 방식으로든 자기 자신에게 관심이 있다. 하지만, 자신의 영혼에 어떻게 주의를 기울이며 자아를 배려해야 할지 알고 실행하는 것은 늘 마치지 못한 과제로 남는다.

> 저마다의 삶은 자아를 향해 가는 길이며, 그 길을 추구해 가는 것이다. 그것은 자기 자신에게 도달하고자 끊임없이 추구하는 좁은 길을 암시한다. 지금껏 그 어떤 사람도 완전히 자기 자신이 되어 본 적이 없었음에도 누구나 자기 자신이 되려고 애쓴다.[27]
> - 헤세, 《데미안》 중에서 -

'자기 자신이 되려고 애쓴다'는 것은 무엇을 말하는 것일까? 그 중요한 첫걸음은 바로 자신과 마주하는 것이다. 자신을 만난다는 것은, 자기 자신을 있는 그대로 받아들이는 용기, 즉 자기 수용을 포함한다. 이는 다른 사람들의 평가나 기대에 의해 왜곡되지 않은 자신의 감정, 생각, 특성을 있는 그대로 바라보는 것이다.

하지만, 우리는 살아가면서 자신을 있는 그대로 받아들이는 것이 결코 쉽지 않음을 느낀다. 자신을 만나는 과정은 용기를 필요로 한다. 이 용기의 뿌리는 바로 자존감이다. 자존감은 자신을 사랑하고 존중하는 마음으로, 자기 수용을 통해 키울 수 있으며, 동시에 자존감을 키우는 과정에서 자기 자신을 받아들일 수 있는 내면의 힘과 여유를 얻게 된다.

자존감은 자기 자신을 존중하고 가치 있게 여기는 마음이다. 이는 자신에 대한 긍정적이고 안정적인 감정으로, 자신을 바라보는 방식에 깊이 자리잡고 있다. 자존감은 마치 튼튼한 나무를 떠받치는 뿌리와 같아, 우리 내면을 지탱하고 삶을 살아가는 데 필수적인 힘을 제공한다. 우리는 자존감 없이 자아를 온전히 형성하기 어렵고 자신의 삶을 충만하게 살아가기도 힘들다. 중요한 것은, 자존감이 타인과의 비교에서 오는 성취감에 의존하지 않는다는 점이다. 자존감은 다른 사람보다 무엇을 더 잘하거나 많은 것을 소유해야 느껴지는 조건부 감정이 아니라, 그 자체로 자신의 존재를 받아들이고 사랑하는 데서 비롯되는 무조건적인 감정이다.

자존감 연구자인 브랜든(N. Barnden)은 '너무 높은 자존감'은 없다고 강조한다. 지나치게 건강하거나 강한 면역체계가 없듯이 지나치게 높은 자존감도 없다는 것이다. 브랜든에 의하면, 자존감이 너무 높은 것을 문제로 생각하는 것은 자존감을 지나친 과시나 자랑, 오만과 혼동하기 때문이다.[28]

마아치(E. March)는 자존감을 더 구체적으로 나누어 설명한다. 그는 '거짓된' 자존감(inauthentic self-esteem)과 '진정한' 자존감(authentic self-esteem)을 구분한다.[29] 거짓된 자존감을 가진 사람들은 다른 사람들에게 자신이 어떻게 보일까 지나치게 신경 쓰며, 외부의 인정과 평가에 의존한다. 즉 이러한 사람들은 자신이 다른 사람들의 눈에 좋게 보이는 것에 대한 강한 욕구를 가진다. 이런 사람들은 다른 사람들에게 자신이 가치 있는 존재로 인식되는 것에 매우 신경을 쓴다. 따라서 이들은 매우 경쟁적이고 자신의 실패에 대해 타인을 탓하고, 스스로 훌륭하다고 느끼기 위해 자기 자신을 부풀려 평가하고 타인을 낮추는 태도를 종종 보인다. 즉, 거짓된 자존감은 자기 내면의 힘을 통해 느껴지는 것이 아니라 항상 외부에 의존하는 왜곡된 마음을 포함한다.

한편, 진정한 자존감을 가진 사람은 자신의 한계와 장점을 있는 그대로 받아들여 자신을 존중하고 사랑한다. 그들은 실수와 실패를 성장의 기회로 보는 태도를 통해 진정한 자존감을 형성해 나간다.

또한, 자신을 만날 용기를 가진다는 것은, 이러한 자존감을 바탕으로 실패와 실수에서 도망치지 않는 태도를 의미한다. 실패는 고통스럽고, 실수는 부끄럽게 느껴질 수 있다. 하지만, 그것을 마주하지 않는다면 자아를 발견할 기회를 놓칠 수 있다. 이와 관련해 영화 〈내가 죽기 전에 가장 듣고 싶은 말(The Last Word)〉에 등장하는 해리엇의 말에 귀 기울여보자.

> 앤: "실수하게 될까 봐 두려워요"
> 해리엇: "네가 실수를 만드는 게 아니야 실수가 널 만들지. 실수는 널 더 똑똑하게 하고 널 더 강하게 하고 널 더 자립적으로 만들어. 앞으로 크게 자빠져! 어마어마하게 실패해!"

우리는 왜 실수를 두려워할까? 실수 자체보다는 실수로 인해 느끼는 좌절감, 굴욕감, 열등감을 더 두려워하는 것은 아닐까? 자아를 발견하는 여정은 완성된 모습을 찾기보다는 끊임없이 새로운 모습을 만들어가는 과정이다. 그 과정에서 상상하지 못했던 이야기가 펼쳐지기도 하고, 뜻밖의 대상을 만나기도 한다. 자신의 꿈을 믿고 이를 이루기 위해 노력하는 동안 우리는 종종 실패에 대한 두려움에 사로잡히기도 한다. 그러나 자아를 만나고 성장하려면 내면의 힘을 신뢰하고 실패를 두려움이 아닌 성장의 기회로 받아들일 필요가 있다.

　　아무것도 하지 않으면 실수도 없겠지만, '나'를 만날 기회 또한 사라질 것이다. 현재의 나 자신이 존재하는 이유는, 수많은 시행착오와 좌절, 그리고 그것을 통해 얻은 성찰 덕분이 아닐까? 그러한 도전과 성찰이 우리를 성장하게 한다. 아무것도 하지 않으면 '나'를 만날 기회조차 없으며, 자신을 발견하는 여정을 시작할 수도 없다. 이제 당신은 무엇을 할 것인가? 그것을 통해 '진정한 나'를 어떻게 만나고 싶은가?

미주 __ Endnote

1 H. Hesse, 이순학 역 (2018), 『데미안』, 서울: 더스토리, 6.

2 H. Hesse, 이순학 역 (2018), 『데미안』, 서울: 더스토리, 137.

3 M. Lewis & J. Brooks-Gunn (1979), *Social Cognition and the Acquisition of Self*, New York: Plenum, 29–68.

4 W. James, 정양은 역 (2005), 『심리학의 원리1』, 서울: 아카넷, 526.

5 E. Fromm, 차정아 역 (1996), 『소유냐 존재냐』, 서울: 까치, 40–73.

6 W. James, 정양은 역 (2005), 『심리학의 원리1』, 서울: 아카넷, 529–531.

7 W. James, 정양은 역 (2005), 『심리학의 원리1』, 서울: 아카넷, 531.

8 W. James/ (Ed.) Henry James (1920), *The Letters of William James, Vol. 1*, Boston: The Atlantic Monthly Press, 199.

9 W. James, 정양은 역 (2006), 『심리학의 원리1』, 서울: 아카넷, 537–541.

10 E. H. Erikson (1963/1993), *Childhood and Society*, New York: Norton, 36.

11 E. H. Erikson (1968/1994), *Identity: Youth, and Crisis*, New York: Norton, 50.

12 E. H. Erikson (1968/1994), *Identity: Youth, and Crisis*, New York: Norton, 23.

13 J. Locke, 추영현 역 (2011), 『인간지성론』, 서울: 동서문화사, 413.

14 J. Locke, 추영현 역 (2011), 『인간지성론』, 서울: 동서문화사, 401.

15 J. Locke, 추영현 역 (2011), 『인간지성론』, 서울: 동서문화사, 406–407.

16 J. Locke, 추영현 역 (2011), 『인간지성론』, 서울: 동서문화사, 414–418.

17 L. Genova, What You Can Do to Prevent Alzheimer's, https://www.youtube.com/watch?v=twG4mr6Jov0&t=14s.

18 Platon, 박종현 역 (1997), 『국가』, 파주: 서광사, 128–129 (2.359a–2.360d).

19 C. H. Cooley (1902/ 1964/ 1970), *Human Nature and the Social Order*, New York: Schocken Books, 36–37.

20 C. H. Cooley (1902/ 1964/ 1970), *Human Nature and the Social Order*, New York: Schocken Books, 184.

21 C. H. Cooley (1902/ 1964/ 1970), *Human Nature and the Social Order*, New York: Scribners, 152.

22 G. H. Mead, 나은영 역 (2010), 『정신·자아·사회』, 파주: 한길사, 27.

23 G. H. Mead, 나은영 역 (2010), 『정신·자아·사회』, 파주: 한길사, 90.

24 G. H. Mead, 나은영 역 (2010), 『정신·자아·사회』, 파주: 한길사, 248.

25 G. H. Mead, 나은영 역 (2010), 『정신·자아·사회』, 파주: 한길사, 266–267.

26 G. H. Mead, 나은영 역 (2010), 『정신·자아·사회』, 파주: 한길사, 315–317.

27 H. Hesse, 이순학 역 (2018), 『데미안』, 서울: 더스토리, 8.

28 N. Branden, 김세진 역 (2015), 『자존감의 여섯 기둥』, 서울: 교양인, 51.

29 R. Grievea, E. March, & J. Watkinson (2020), "Inauthentic self-presentation on facebook as a function of vulnerable narcissism and lower self-esteem", *Computers in Human Behavior 102*, 144-150.

2

삶의 의미를 찾아서: 로고테라피[1]

우리가 삶에게 질문하는 것이 아니라 삶이 우리에게 질문하는 것이다.
우리는 질문 받는 자들이며 오히려 대답해야 하는 자는 우리이다.
삶이 시시각각 던져오는 물음
즉, 삶의 물음에 답을 내놓아야 하는 것은 바로 우리이다.

- 프랭클(V. Frankl), 《삶의 물음에 '예'라고 대답하라》 -

01 행복을 꿈꾸는 인간의 삶

　모든 인간은 행복을 꿈꾸며 갈망한다. 그런데 행복이란 무엇일까? 막상 질문을 받으면 무엇인지 말하기 어려운 것이 바로 '행복'이지 않을까? '행복'이 무엇인지 확실히 알기 어렵지만 이런 질문은 던져볼 수 있을 것이다. 우리를 행복하지 않게 만드는 것은 무엇일까?

　고통, 슬픔, 불안, 사람들과의 갈등, 내면의 갈등은 우리를 힘들게 한다. 그런 순간에는 내 삶에 '행복'이 존재하지 않는 것처럼 느낄 수 있다. 그렇다면 삶에서 갈등이나 슬픔, 고통을 모두 없애고 매 순간을 즐거움과 평화로 채운다면 우리는 행복하게 살았다고 할 수 있을까?

　로우리(L. Lowry)의 원작 소설²을 바탕으로 제작된 영화 〈더 기버: 기억 전달자(The Giver)〉는 모든 것이 통제된 완벽한 사회 '커뮤니티'를 배경으로 한다. 이 커뮤니티는 전쟁, 기아, 차별, 폭력과 같은 모든 갈등 요소가 제거된 완벽한 사회이다. 인간에게 기쁨의 근원이 되는 것은 또한 갈등을 불러일으키기에 이 사회에서는 갈등을 유발할 수 있는 색깔, 감정, 예술적 표현이 철저히 통제되어 있다. 이 사회에는 어떠한 갈등도 없고 어떠한 차별도 존재하지 않는다. 아이가 태어나면 건강한 아이들로만 골라 보육 기관에서 기른다. 태어날 때 신체가 건강하지 않은 아이들은 즉시 안락사시킨다. 따라서 선천성 질병을 가지고 태어난 아이를 기르는 부모의 어려움과 아픔은 이 사회에서는 존재하지 않는다. 또, 나이가 든 노인은 '임무해제'라는 이름으로 사회에서 안락사시킨다. 이 커뮤니티에서는 나이 들어 질병에 걸려 고통을 겪는 모습을 볼 일도 없고, 힘없는 노인을 개인이나 가족이 책임질 일도 없다.

또한 아이는 보육 기관에서 양육되어 일정한 나이가 되면 특정 가정에 배정된다. 모든 가정은 똑같은 형태로 인위적으로 만들어져 있다. 따라서 다른 가정과의 비교를 통해 느끼는 열등감이나 갈등은 전혀 존재하지 않는다. 그리고 열여섯 살이 되면 사회 구성원들은 '위원회'로부터 직위, 즉 직업을 배정받게 된다. 직업에 따른 차별도 존재하지 않기 때문에 어떤 직업을 배정받더라도 누구도 불만을 제기하지 않는다. 아이들이 성장하는 16년 동안 위원회는 모든 학생을 주의 깊게 지켜보면서 이들의 적성을 판단하고 아이들에게 각자의 적성에 적합한 직위를 부여한다.

주인공 조너스는 졸업식 날, '기억 전달자'라는 뜻밖의 직위를 부여받는다. 커뮤니티 구성원들은 과거의 모든 기억이 삭제된 상태이지만 기억 전달자는 과거의 모든 기억을 가진 유일한 사람이 된다. 기억 전달자는, 커뮤니티가 만들어지기 이전 인간이 경험했던 사회와 그들이 살아왔던 삶의 모습과 본성 및 감정 등을 기억하고 유지하는 유일한 사람이다. 조너스는 선임 기억 전달자로부터 기억을 전달받게 된다. 조너스는 가족과 집에 대한 기억을 전달받으면서 진정한 가족의 개념을 알게 되고 사랑이라는 감정과 인간이 저지른 만행과 아픔에 대해서도 알게 된다.

만약 당신이 주인공 조너스라면 어떤 생각이 들까? 지금의 커뮤니티를 유지할 수 있도록 헌신하겠는가? 혹은 과거 인간의 기억과 감정을 가진 공동체로 돌려놓으려고 노력하겠는가? 당신은 무엇을 선택할 것인가?

자, 그렇다면 다시 어려운 질문으로 돌아가 보자. 행복이란 무엇일까? 고통이나 갈등의 원인이 되는 어떠한 감정도 아예 느끼지 않는 것이 오히려 더 좋은 일일까? 혹은 평생 어떤 갈등도 겪지 않고 즐거운 감정만 느끼면서 순간순간 살 수 있다면 행복한 삶이라고 할 수 있을까?

어느 날 과학자들이 매우 완벽하고 생생한 경험을 제공하는 세련된 장치를 개발했다고 가정해 보자. 그 장치에 뇌를 연결하고 "나는 ~를 원해"라고 말하면, '내면적으로' 그것과 '정확히' 똑같은 경험을 할 수 있게 해주는 기계가 있다고 해보자. 그렇다면 당신은 그 기계에서 평생 연결되어 살기를 원할 것인가? 이 문제와 관련하여 미국의 철학자 노직(R. Nozick)은 사고 실험을 제시한다.3 경험 기계 안에서는 자신이 원하는 경험을 선택할 수 있다. 만약 올림픽에서 금메달을 따기를 원한다면 금메달을 땄을 때 기분을 똑같이 느낄 수 있다. 그리고 당신이 원하는 기업에 취업했을 때 기분을 똑같이 느낄 수도 있다. 즉, 당신이 원하는 기쁨과 즐거움을 그대로 느낄 수 있는 것이다. 만약 이런 기계가 있다면 매일 그것을 기꺼이 착용하면서 살아가는 것에 동의하게 될까?

이러한 물음에 대해 노직은 단연코 '아니다'라고 답하면서, 다음 세 가지 이유를 제시한다.

첫째, 우리는 무엇을 '하고' 싶어 한다는 것이다. 단지 감각적으로 무언가를 느끼는 것만으로는 충분하지 않다. 우리는 실제로 무언가를 '행하길' 원한다. 하지만, 경험 기계 안에서는 단순히 감각적인 느낌만 있으며, 실제로 무엇을 선택하며, 어떤 행동을 하고, 무언가를 성취하는 것이 가능하지 않다.

둘째, 우리는 어떤 방식으로 존재하길, 즉 어떤 '종류의' 인간이

되는 것을 중요하게 여긴다. 그러나, 경험 기계에 연결된 사람은 단지 감각만을 느끼는 실체에 불과하며, 그의 삶이 실제로 어떠한지, 또 그가 어떤 유형의 인간인지 규정하기 어렵다. 오랫동안 기계에 연결되어 사는 사람의 삶을 통해서는, 그가 용감한 사람인지, 친절한 사람인지, 지적인 사람인지, 재치 있는 사람인지, 사랑스러운 사람인지에 대해 전혀 말할 수 없다.

셋째, 인간은 단지 감각을 경험하는 것을 넘어, 실제 현실 속에서 살아가길 원한다는 것이다. 경험 기계는 심오한 현실에 대한 경험을 흉내 낼 수 있지만, 현실 그 자체를 살아가는 실질적인 경험을 제공하기 어렵다. 경험 기계 안에서는, 우리가 현실에서 직접 관계 맺으며 누릴 수 있는 생생한 상호작용과 성취의 기회를 가질 수 없다.

경험 기계는 우리가 원하는 즐거움을 안겨준다. 하지만 무엇이 빠져있을까? 경험 기계에는 인간에게 정말 중요한 '삶'이라는 구체적 실체와 '삶의 의미'가 존재하지 않는다. 노직은 경험 기계가 '어떤 방식으로 존재하고자' 하는 인간의 존재에 대한 깊은 갈망을 충족시킬 수 없다고 지적한다. 경험 기계에서 아무리 크나큰 즐거움을 느껴도 우리는 그러한 즐거움 속에서는 '삶의 의미'를 찾기 어렵다. 행복은 감정 그 이상의 것이다. 행복 기계 속에서 늘 즐거움을 느낄 수 있을지 몰라도 '행복한 삶'이란 존재하지 않는다. 그 기계 안에서는 우리가 행복에 이르는 모든 과정이 생략되어 있으며 우리 스스로 어떠한 선택이나 결단을 통해 느끼는 행복한 삶이 존재하지 않는다.

우리는 모두 행복한 삶을 꿈꾸지만, 그것이 항상 즐거운 경험만을 의미하지는 않는다. 고통과 슬픔은 그 자체로 반갑지 않은 감정이지만, 인간의 삶에서 완전히 배제될 수는 없다. 만약 고통과 슬픔을 모두 제거한다면 그것이 과연 인간다운 삶이라고 할 수 있을까? 예를 들어, 부모를 잃은 자녀나 큰 사고로 피해를 입은 사람이 아무런 고통과 슬픔을 느끼지 않는다면 그것이야말로 오히려 더 문제가 되지 않을까? 인간이란 이름 그 자체에는 기쁨과 슬픔 그리고 즐거움과 고통이 함께 어우러져 있는 것이다. "세상을 살아가면서 한 번도 고통이나 슬픔을 느껴보지 못한 사람 있으면 손들어보세요!"라는 물음 앞에서 그에 해당하는 사람이 얼마나 있을까? 누구의 삶도 기쁨만으로 채워질 수 없으며 슬픔만으로도 채워지지 않는 것이다.

우리는 사랑과 기쁨을 느끼는 만큼 슬픔과 불안을 느끼면서 살아간다. 이룰 수 없을 것 같은 목표를 향할 때, 밤중에 홀로 깨어 외로움을 느낄 때, 경제적으로 너무나 어려울 때, 다른 사람들과 갈등 관계에 있을 때 우리는 불안과 고통을 느낀다. 인간은 질병으로 고통을 겪을 수도 있고, 전 재산을 잃고 당장 하루 먹고 사는 일이 급하게 될 수도 있고, 사고로 신체 일부를 잃을 수도 있다.

인간 존재와 삶의 본질은 우리에게 다음과 같은 물음을 제기한다. 고통과 슬픔 그리고 불안과 함께 하는 삶에서 인간이 행복해지려면 그 고통과 불안을 덮을 수 있는 만큼의 즐거움과 쾌락을 필요로 하는 것일까? 인간의 삶이 고통과 불안에서 벗어나기 어렵다면 인간의 행복은 불가능한 것일까? 설령 가능하더라도 그 행복은 신기루 같은 것일까?

02 마음의 치유와 인간의 삶

　　오스트리아의 의사이자 심리학자인 프랭클(V. Frankl)은 자신의 참
혹한 경험을 바탕으로 로고테라피(logotherapy)를 제안하며 마음의 치유
와 삶의 의미를 이야기한다. 프랭클은 유대인으로서 나치 강제수용
소에 갇히는 비극을 겪으며 극한의 고통 속에서도 인간이 삶의 의미
를 발견할 수 있다는 깨달음을 얻었다. 그는 수용소라는 극한의 상
황 속에서도 인간의 존엄성과 희망이 어떻게 지켜질 수 있는지를
직접 경험하며, 삶의 의미를 찾는 것의 중요성을 강조했다. 로고테
라피는 바로 이러한 프랭클의 경험에서 출발한 심리치료로, 삶의
의미를 발견하는 것이 마음의 치유와 회복의 가장 중요한 요소라는
점을 강조한다.

　　프랭클은 불안을 느낄 수밖에 없는 존재로서 인간에 대해 말한
다. 동물의 불안이 주로 본능적인 생존 반응에서 비롯된다면, 인간
의 불안은 삶의 매 순간 스스로 선택하고 결단을 내려야 하는 인간
존재의 특성에 기인한다. 인간이 동물처럼 본능에 의해 살아가게
되어 있다면 인간은 그렇게 불안해하지 않을 것이다. 어떤 상황에
서 본능적으로만 대처해도 된다면 인간의 삶은 더 편할 수 있다.
하지만 인간의 삶은 그렇지 않다. 인간의 삶에는 늘 선택이 기다리
고 있으며 그 과정에서 불안을 느끼게 된다. 인간은 본능에 의해서
만 살아갈 수 없으며 불안을 느낄 때마다 그것을 해결해 줄 수 있
는 확고한 규칙이나 규범이 존재하는 것도 아니다. 인간은 주체적
으로 선택하고 결단을 내리면서 살아야 하며 그 과정에서 우리는
고민과 불안을 느끼게 된다.

그렇다면 이처럼 불안한 인간의 삶 속에서 로고테라피는 어떠한 치유를 제시하는 것일까? 고통과 불안을 없애는 매뉴얼이나 약을 처방해 주는 것을 말하는 것일까? 로고테라피에서 '치유'는 단순히 질병을 치료하는 것을 넘어, 삶의 의미를 발견함으로써 자아와 존재를 회복하는 더 깊고 넓은 의미를 담고 있다. 로고테라피는, '의미'를 뜻하는 그리스어 '로고스(Logos)'와 '치료' 또는 '치유'를 의미하는 '테라피(Therapy)'가 합쳐진 말이다. 로고테라피는, '의미(logos)'를 중심으로 한 치료(meaning-centered therapy), 즉 의미를 통한 치유(healing through meaning)를 말한다.[4]

프랭클은 2차 대전을 겪으면서 유대인 강제 수용소에 끌려가 이루 말로 다 할 수 없는 고통을 겪었다. 프랭클 가족 중 누이 한 명을 제외하고 아버지, 어머니, 형제, 아내는 굶주림과 질병으로 혹은 가스실에서 죽었으며, 프랭클 자신도 극심한 고통 속에서 죽음의 문턱을 넘나드는 경험을 했다. 수용소 수감자의 95퍼센트가 곧장 가스실로 보내지는 현실과 고통 속에서도 프랭클은 삶에 의미가 있다는 것을 발견하였으며 이후 그 경험을 바탕으로 로고테라피 이론을 제시하게 된다.

그런데, 로고테라피가 인간의 고통이나 불안을 완전히 없애주는 것을 목표로 하는 것은 아니다. 로고테라피 관점에서는 고통이나 불안, 긴장이 삶의 일부이기 때문에[5] 그것을 완전히 없앤다는 것은 인간의 삶 자체를 부정하는 것이 될 것이다. 하지만, 여기서 우리가 분명히 해야 할 것은 인간이 행복해지기 위해 일부러 고통을 가해야 한다거나 불안을 추구해야 한다는 것은 아니라는 점이다. 프랭클은 "의미를 발견하는 데에 시련이 반드시 필요한 것은 아니다."[6]라고 분명히 말한다.

하지만 삶에서 고통을 받아들이고 그 안에서 의미를 찾는 로고테라피의 접근은, 고통을 미화하는 것으로 여겨질 수 있다. 미국의 철학자 나딩스(N. Noddings)는 프랭클의 주장이 고통을 "영예로운 자리"에 올려놓을 수 있다고 지적하면서, 고통을 단순히 고귀한 것으로 인식하는 데 따르는 위험을 경고한다. 나딩스는 특히 우리가 고통이나 절망에 빠졌을 때 올바르게 선택을 하기 어렵다는 점에서 '고통'이 정말로 삶에 의미를 부여하는지 신중히 고민해야 한다고 강조한다. 또한 나딩스는 고통을 고귀한 것으로 여길 경우, 타인에게 고통을 가하는 행위가 정당화될 수 있으며, 고통이 지속되도록 방치하거나 심지어 조장할 위험이 있다고 지적한다. 즉, 프랭클의 논리를 따르다보면 어려움에 처한 사람의 상황을 당연한 것으로 여기면서 고통에 처한 타인을 돕지 않을 수 있을 것이다.[7] 나딩스가 말하고 있듯이 우울이나 절망에 빠져 있는 사람에게 "그거 아무 것도 아니야, 훌훌 털어버려!" 혹은 "용기를 내, 이 사람아, 너는 결국 잘 될 거야!"라고 말하는 것은 그들에게 아무런 위안이 되지 않는다. 또한, "살다 보면 그런 고통이나 절망을 겪을 수도 있지.", "인생을 이해하려면 고통을 겪어봐야 해."라는 말 또한 실제 고통을 겪는 사람에게는 전혀 도움이 되지 않는다. 나딩스에 의하면 고통을 겪는 사람에게 진정으로 필요한 것은 공감과 진심 어린 위로이다.[8]

삶에서 고통을 당연한 것으로 받아들여서는 안 된다는 나딩스의 지적은 충분히 타당하며 주목해야 할 조언이다. 그러나 여기서 로고테라피를 이해하고 적용할 때 명확히 해야 할 점이 있다. 로고테라피는 고통을 미화하거나 합리화하려는 이론이 아니며, 타인에 의해 의도적으로 가해진 고통이나 아픔은 정당화할 수 없다는 점을 분명히 한다.

로고테라피는 인간의 삶에서 고통이나 긴장을 완전히 제거함으로써 '치유'를 실현하려는 접근법이 아니다. 인간은 삶에서 다양한 경험을 하며 기쁨뿐만 아니라 고통, 불안, 그리고 좌절을 느낀다. 중요한 것은 이러한 상황에 직면했을 때 자신의 자유의지를 발휘하여 어떠한 태도를 선택하는가이다. 마음의 치유를 위해서는 고통이나 갈등을 만났을 때 자신의 자유의지를 발휘하여 능동적으로 자신의 태도를 선택하는 법을 배워야 한다. 로고테라피에서 치유란 고통과 불안을 회피하거나 감추는 것이 아니라 그러한 상황에 능동적으로 직면하고 삶의 의미를 발견하는 자세를 배우고 발휘하는 것을 말한다.

---

03   로고테라피의 핵심 개념 세 가지

프랭클은 로고테라피의 핵심 개념 세 가지를 제시한다. 그것은 '자유의지', '의미를 찾으려는 의지', '삶의 의미'이다. 이 세 가지 핵심 개념은 로고테라피가 무엇인지, 즉 의미를 통한 치유를 위해 요구되는 것이 무엇인지를 잘 드러낸다.

첫째, '자유의지'이다. 프랭클은, 인간에게서 모든 것을 빼앗아 갈 수 있어도 단 하나, 주어진 환경에서 자신의 태도를 결정하고 자신의 길을 선택할 자유만은 빼앗을 수 없다고 말한다.[9]

그런데, 여기서 말하는 인간의 자유는 생물학적 조건이나 자연환경을 피할 수 있는 자유를 의미하지 않는다. 인간은 본능, 타고난 유전자, 환경적 요인에서 완전히 자유로울 수 없으며, 삶의 과정에서 일어나는 모든 것을 완전히 통제할 수도 없다. 그러나 인간은 어떤 조건에 처해 있든 그것에 대해 자신의 선택과 태도를 결정할 수 있는 자유의지를 가지고 있다.

프랭클은 나치 강제수용소라는 극한의 환경 속에서도 이러한 자유의지가 발휘되는 모습을 목격했다. 그는, 그러한 상황에서 서로를 위로하고 마지막 남은 빵을 나누는 사람이 있는가 하면, 아이들의 음식을 빼앗아 굶어 죽게 만드는 사람도 있었다고 말한다. 이처럼 인간에게는 다양한 선택지가 존재하며, 어떤 행동을 택하느냐는 개인의 자유의지에 달려 있다.[10]

둘째, '의미를 찾으려는 의지'이다. '의미를 찾으려는 의지'는 로고테라피의 핵심이다. 정신적 존재인 인간은 절망적 상황에서도 삶의 의미를 추구하고자 하는 근본 동기가 있다. 인간은 아무리 힘들고 좌절하고 핍박받더라도 삶의 의미를 찾는 것을 내던져버리고 아무렇게나 살아가고자 하는 존재가 아니다. 프랭클은 기쁨과 슬픔, 심지어 고통의 순간을 겪으면서도 삶의 의미를 찾으려는 인간의 의지에 주목한다. 삶을 향한 근본 동기는 의미를 찾는 의지에서 비롯되는 것이다.

로고테라피 세 번째 핵심 개념은, '삶의 의미'이다. '삶' 그 자체가 '의미'를 지닌다는 것이다. 삶은 언제나 의미를 충족시킬 가능성을 제공한다.[11] 즉, 우리가 살아간다는 그 자체가 삶의 의미를 발견할 수 있는 가장 근본적이면서도 중요한 전제가 된다. 프랭클은, "정말 심각한 문제는 어떤 삶이어야 하는지에 대한 판단이 아니라 인생이 살만한 가치가 없다고 여기는 것이다."라는 카뮈(A. Camus)의 말을 인용한다.[12] 카뮈의 이 말은 삶이라는 가치가 부정되는 순간의 심각성을 잘 드러낸다.

카뮈의 말처럼 실제로 우리는 지구와 태양 중 무엇이 다른 것의 주위를 회전하는가를 고민하며 자살을 선택하지 않는다. 하지만, 삶이 더 이상 가치가 없다고 느끼는 순간 사람들은 자살이라는 극단적 선택에 이를 수 있다. 이는 '삶의 의미'에 대한 질문이 우리에게 던져지는 가장 근본적이고 절박한 문제임을 잘 드러낸다.[13] 로고테라피의 핵심 개념인 '삶의 의미'는 우리가 삶 자체를 소중히 여길 때 비로소 그 의미를 발견할 가능성이 열린다는 점을 강조한다.

그런데, 여기서 정말 중요한 것은 삶의 의미란 저절로 주어지거나 인위적으로 만들어지는 것이 아니라 '스스로 발견'해야 한다는 점이다. 삶의 의미가 중요하다는 것을 아는 것만으로 삶의 의미를 발견할 수 있는 것은 아니다. 삶은 의미 있는 것이지만, 그 의미는 저절로 드러나는 것이 아니다. 삶의 의미는 인간이 능동적으로 살아갈 때 비로소 발견할 수 있는 것이다.

04 시지프의 바위를 어떻게 할 것인가?

로고테라피는 삶의 고통과 부조리 속에서도 의미를 발견할 수 있는 인간의 가능성을 강조한다. 카뮈의 《시지프의 신화》는 로고테라피의 이 핵심을 상징적으로 보여준다. 신들은 시지프에게 무용하고 희망 없는 끔찍한 형벌을 내렸다. 시지프는 끊임없이 무거운 바위를 산 정상으로 밀어 올려야 하지만, 바위는 다시 아래로 굴러떨어진다. 이러한 반복적인 형벌은 도무지 이해할 수 없는 인간 세계의 부조리와 희망 없는 일상을 상징하는 듯하다.

삶의 부조리(Absurdity)는 인간이 세상에서 겪는 이해할 수 없는 모순적 상황과 맞닿아 있다. 우리는 끊임없이 행복을 추구하지만 예상치 못한 고통과 불행을 마주한다. 사람들은 열심히 노력한 만큼 성과를 얻지 못하며, 사랑하는 사람을 잃는 일을 겪기도 한다. 카뮈는 시지프의 바위를 통해 이러한 부조리의 본질을 드러낸다.

그리고, 카뮈는 《시지프의 신화》에서 고통과 부조리 속에서도 삶의 의미를 발견할 수 있는 인간의 가능성을 제시한다. 시지프는 자신이 처한 부조리한 형벌을 부정하지 않는다. 그는 자신의 바위를 회피하거나 저주하기보다는 그 부조리에 직면하여 그것을 자신의 삶의 일부로 만든다. 카뮈는 운명에 짓눌리고 쓰러져가는 비참한 시지프가 아니라 부조리한 삶 속에서도 의지를 발휘하는 인간의 모습을 발견한다.

> 시지프가 나의 관심을 끄는 것은 바로 저 산꼭대기에서 되돌아 내려올 때, 그 잠시의 정지된 순간이다. 그토록 돌덩이에 바싹 닿은 채로 고통스러워하는 얼굴은 이미 바위 그 자체다! 나는 이 사람이 무겁지만 한결같은 걸음걸이로, 아무리 해도 끝장을 볼 수 없을 고뇌를 향해 다시 걸어 내려오는 것을 본다. 마치 호흡과도 같은 이 시간, 또한 불행처럼 어김없이 되찾아 오는 이 시간은 바로 의식의 시간이다. 그가 산꼭대기를 떠나 신들의 은신처로 조금씩 조금씩 더 깊숙이 내려가는 그 순간 순간에 시지프는 자신의 운명보다 더 우월하다. 그는 그의 바위보다 강하다.14

> 시지프는 신들을 부정하고 바위를 들어 올리는 고귀한 성실을 가르쳐준다. 그 역시 모든 것이 좋다고 판단한다. 이제부터는

주인이 따로 없는 이 우주가 그에게는 불모의 것으로도, 하찮은 것으로도 보이지 않는다. 이 돌의 부스러기 하나하나, 어둠 가득한 이 산의 금속적인 광채 하나하나가 그것 자체만으로 그에게는 하나의 세계를 형성한다. 산꼭대기로 향한 투쟁 그 자체가 한 인간의 마음을 가득 채우기에 충분하다. 행복한 시지프를 마음에 그려 보지 않으면 안 된다.15

카뮈가 주목한 것은 시지프가 산꼭대기에서 내려올 때의 순간이다. 그 잠깐의 순간 동안 시지프는 다시 바위를 밀어 올려야 하는 현실 속에서도 자신의 의지를 통해 운명에 우월한 존재로 서게 된다. 그는 자신의 바위를 받아들이며, 그 안에서 의미를 발견한다. 카뮈는 말한다. "시지프의 바위는 그의 것이다."16

시지프의 바위는 현대인이 살아가면서 맞닥뜨리는 반복적이고 때로 무의미해 보이는 일상을 상징한다. 반복되는 생활에서의 권태, 실패가 예견된 도전 속에서도 노력해야 하는 상황, 사랑하는 이를 잃은 뒤에도 삶을 계속 이어가야 하는 아픔 등은 모두 우리 각자가 밀어 올려야 할 '시지프의 바위'일 수 있다. 당신은 시지프의 바위를 아무 생각 없이 밀어 올릴 수도 있고, 혹은 그 바위가 존재하지 않는 것처럼 살아갈 수도 있다.

로고테라피는 이러한 상황에서 우리의 태도를 선택하는 것이 중요하다고 일깨운다. 인간은 자신의 고통과 부조리를 피할 수는 없지만, 그것을 대하는 방식을 선택할 수 있다. 당신 앞에 있는 시지프의 바위는 무엇인가? 이 시지프의 바위를 어떻게 할 것인가? 당신은 자신의 시지프의 바위를 받아들이고, 그 안에서 삶의 의미를 발견할 수 있는 용기를 가질 수 있는가?

누구나 한 번쯤은 삶의 의미에 대해 근본적인 질문을 던지게
된다. 우리의 일상은 때로는 반복적이고 무의미하게 느껴질 수 있
지만, 그 안에서도 삶의 의미를 찾고자 하는 노력은 우리의 존재를
더욱 빛나게 만든다. 그러면, 삶의 의미는 어떻게 발견할 수 있을
까? 프랭클은 이 질문에 대해 세 가지 방법을 제시한다.[17]

첫째, 창조적 가치를 통해 삶의 의미를 발견하는 것이다. 창조적
가치는 무언가 새로운 것을 만들거나 창작 활동을 통해 실현될 수
있다. 우리는 어떤 것을 창조하거나 성취하는 과정에서 삶의 의미
를 발견할 수 있다. 예를 들어, 음악을 창작하거나 연주하면서 자신
의 내면을 표현하는 순간, 우리는 삶의 의미를 새롭게 깨달을 수
있다. 또, 보고서를 열심히 작성하는 과정에서 스스로의 노력과 깨
달음을 통해 삶의 가치를 발견할 수 있다. 창조적 가치는 반드시
예술이나 창작 활동에만 국한되지 않는다. 가족이나 친구를 위해
정성껏 준비한 한 끼 식사, 동료와 함께 작은 목표를 달성하는 과
정 또한 창조적 가치를 실현하는 방법이라고 할 수 있다. 창조적
가치는 거창한 성취를 통해서만 이룰 수 있는 것이 아니다. 일상
속의 작은 실천을 통해서도 충분히 실현될 수 있으며, 이를 통해
우리는 삶의 의미를 발견할 수 있다.

둘째, 경험적 가치를 통해 삶의 의미를 발견하는 것이다. 우리는
어떤 일을 경험하거나 타인과 교류함으로써 의미를 찾을 수 있다.
우리는 어떤 일이나 사람과의 만남을 통해 깊은 감명을 받거나 인간
다움을 느낄 때가 있는데 이것이 바로 경험적 가치를 통해 삶의 의

미를 발견하는 경우이다. 또, 우리는 독서를 통해 인물과 만나고 그들의 이야기를 따라가고 대화를 하면서 삶의 의미를 발견하는 값진 시간을 가질 수 있다. 뿐만 아니라, 예술작품과 같은 타인의 창조물이나 자연의 아름다움, 우주의 신비에 몰입하는 경험을 함으로써 경험적 가치를 느낄 수도 있다. 더 나아가 경험적 가치는 사랑의 경험을 통해 발견될 수 있다. 사랑은 다른 사람의 가장 깊은 내면을 이해하게 하고, 동시에 자신의 고유한 특성을 발견할 수 있게 한다. 사랑 속에서 우리는 단순히 상대를 바라보는 것을 넘어 서로의 존재를 진정으로 경험하며, 이 과정에서 삶의 의미를 새롭게 깨닫게 된다.

셋째, 태도적 가치를 취함으로써 삶의 의미를 발견할 수 있다. 인간은 아무리 절망스러운 상황에서도 자유의지를 통해 태도를 취함으로써 삶의 의미를 발견할 수 있다. 인간은 외부의 압력이나 유혹적인 상황 속에서 이기적 욕망과 본능에 이끌릴 수 있음에도 불구하고 인간다운 태도를 선택할 수 있다. 인간은 이성을 지녔다고 해서 모두 인간다워지는 것이 아니다. 어떠한 상황에서 어떻게 처신하고 반응하는지에 따라, 즉 자신이 어떻게 결단하고 어떠한 태도적 가치를 취하는가에 따라 인간다워지는 것이다.

프랭클은 자신이 감금되었던 독일 바이에른에 있는 다하우 강제 수용소(Dachau Concentration Camp)에서의 일을 소개한다. 그곳에서 어떤 독일 나치 친위 대원은 자기 주머니에서 정기적으로 돈을 지출하여 약을 사다 자신의 수감자들을 보살폈다고 한다.[18] 그 일이 알려지면 자신의 목숨이 위태로울 수 있는 상황이었지만 그 친위 대원은 자신이 취할 수 있는 태도적 가치를 선택함으로써 의미를 추구한 것이다. 반면 다른 장교는 수감자들을 정말 끔찍하게 학대하는 태도를 선택했다.

우리의 삶 속에서 이 세 가지 방법이 확실히 구분될 수 있는 것은 아니며 하나의 상황에서도 다양한 접근을 통해 삶의 의미를 발견할 수 있다. 분명한 것은, 이러한 과정에서 능동적인 삶의 자세를 통해 의미를 발견해야 한다는 것이다. 그렇다면 매일 바쁘게 살아간다고 해서 능동적으로 삶의 의미를 발견할 수 있는 것일까? 그럴 수도 있고 전혀 그렇지 않을 수도 있다. 바쁜 삶이 때로는 매우 수동적인 삶으로 흐를 수도 있다. 반면, 우리는 조용히 가로수 길을 걸어가면서도 능동적으로 사유하는 과정을 통해 삶의 의미를 발견할 수 있다.

그런데, 삶의 의미를 발견한다고 해서 모든 사람이 같은 의미를 발견하게 되는 것은 아니다. 의미는 특정한 상황과 개인에 따라 다르다는 점에서 상대적이다. 하지만 삶에서 의미를 발견한다는 것이, 주관적인 개인의 자기표현이나 본능적인 자기 보호 또는 자기 합리화가 되어서는 안 된다는 점에서 의미는 보편적 가치를 포함하고 있다. 프랭클은 "사는 이유를 가진 사람은 어떠한 삶도 견디어 낼 수 있다."는 니체(F. W. Nietzsche)의 말을 인용하면서 삶에서 의미를 추구하는 것이 중요하다는 것을 강조한다. 하지만, 이 말은 어떠한 삶을 견디어 내기 위해 의미를 자의적으로 만들어 내거나 상황을 합리화해야 한다는 것을 의미하지 않는다.

인간의 삶에서 의미 찾기의 과정은 끊임없는 인내를 요구한다. 의미는 타인이 제시하거나 주입해 줄 수 있는 것이 아니다. 또한 다른 사람이 설명한 의미를 이해한다고 곧바로 삶의 의미를 발견했다고 말할 수도 없다. 오직 스스로 능동적으로 의미를 찾아나설 때, 우리는 비로소 삶의 의미를 발견할 수 있다.

06 로고테라피에서 치유를 위한 접근과 삶의 자세

괴테(J. W. von Goethe)의 희곡 《파우스트》에는 "인간은 지향(志向)이 있는 한 방황한다."라는 구절이 있다.[19] 인간이 방황한다는 것은 무엇인가를 지향하면서 열심히 노력하고 있다는 증거일 것이다. 우리는 즐겁고 기쁜 시간뿐만 아니라 실패와 절망적인 상황을 통해서도 의미를 발견할 많은 기회를 가질 수 있다. 중요한 것은, 삶에서 고통이나 절망을 어떠한 자세로 받아들일 것인지에 따라 인간은 삶의 의미를 발견할 수 있으며 자신의 삶을 변화시킬 수도 있다는 점이다. 그렇다면, 이러한 어려움 앞에서 우리는 어떤 자세를 가져야 할까?

○ 역설 지향(역설적 의도 paradoxical intention)

마음의 치유를 위해 가장 먼저 필요한 것은, 무엇보다 자신이 고통과 불안을 느끼고 있다는 사실을 스스로 받아들이는 것이다. 자신이 긴장을 느끼고 고통받고 있다는 것을 인정하는 것은, 그 고통에 매몰되지 않고 자기 자신을 마주할 용기를 갖는다는 것을 의미한다.

프랭클은 남 앞에서 긴장하면 땀이 쏟아져서 고민하던 환자와의 상담사례를 들려준다. 프랭클은 환자의 긴장을 풀어주기는커녕, 이렇게 권했다고 한다. "저번에는 땀을 한 바가지만 흘렸지만, 이번에는 열 바가지 흘리도록 노력해 보세요." 여러분이 이 말을 듣는다면 어떤 반응을 보였을까? 불쑥 화를 냈을까? 혹은 '어이없음' 이렇게 생각하면서 아무것도 하지 않았을까? 그 환자는 프랭클의 처방대로 해보았다고 한다. 그러자 환자는 땀 흘리기를 멈췄다. 프랭클은 이러한 치료 방법을 역설 지향(역설적 의도, paradoxical intention)이라고 부른다. 역설 지향은 내담자가 염려하는 행동을 의도적으로 반복하여 이를 과장하도록 지시함으로써 문제 행동에 대한 조절력을 높여 문제 행동을 극복하게 하는 치료 전략을 말한다. 역설 지향은, 우리의 삶 속에서 느끼는 긴장이나 불안을 피하려 할수록 오히려 그것이 점점 더 우리를 불편하게 만든다는 사실을 역으로 적용한 것이다. 이러한 과정에서 개인은, 자신이 겪는 불안을 인정하고 직면함으로써 무의식적으로나 의식적으로 느끼게 되는 예기불안을 약화시키게 된다. 예기불안이란 어떤 일에 대해 공포나 불안을 예상하여 그러한 불안이 자신에게 일어날 것처럼 미리 느끼는 것을 말한다. 예기불안의 심각한 문제는 어떤 불안을 인식할수록 실제로 그러한 불안이 더 일어나기 쉽다는 것에 있다. 즉 불안해하는 상황이나 현상이 다시 일어날 것이라는 두려움이 공포를 더욱 증가시키는 것이다.[20]

하지만 역설 지향이, 우리에게 불안을 불러일으키는 모든 상황에 늘 유용한 것은 아니다. 역설 지향은 목숨이 위태롭거나 피해를 초래할 수 있는 위험한 행동에는 적용되어서는 안 된다. 예를 들면, 운전할 때 운전대를 통제하지 못할 것 같아 불안을 느끼는 사람이 역설 지향의 원리에 따라 운전대를 마음대로 움직인다면 그것은 목숨을 거는 매우 위험한 행동이 될 것이다.

역설 지향에서 중요한 점은, 고통이나 불안을 느끼고 있는 사람이 불안을 인정하면서 자신의 불안에 매몰되지 않고 거리를 두고 자신을 바라본다는 것이다. 프랭클은 역설 지향의 자세를 "자기 초월이라는 인간 특유의 자질"[21]이라고 부른다. 역설 지향은 인간의 자기 초월 자세 중 하나이다. 그렇다면 자기 초월이란 무엇일까?

○ 자기 초월(self-transcendence)

당신은 마음의 치유가 필요하다고 느껴본 적이 있는가? 언제 마음의 치유가 필요하다고 느끼는가? 열심히 노력했는데 좌절을 안겨주는 결과를 만날 때, 친구가 나를 배신하였을 때, 혹은 예상치 못한 사고나 경제적 어려움, 인간관계의 갈등 속에서 깊은 상실감을 느낄 때 등 그 순간들은 아마 끝도 없을 것이다. 그런데, 프랭클의 제자 루카스(E. Lukas)는 "인간을 괴롭히는 것은 비극적인 사건들뿐만이 아니다. 사건 자체보다 훨씬 비참한 것은 그것을 대하는 우리의 태도"라고 말한다.[22] 즉, 우리가 겪는 경험 그 자체보다 우리가 그 사건을 어떻게 대하고 어떻게 느끼는지가 중요하다는 것이다. 실망과 불안에 갇혀 있는 시간에 우리는 삶의 의미를 발견하기 어렵고 자신을 치유하기도 어렵다. 여기서 중요한 것은 그러한 감정을 느꼈을 때 어떠한 태도를 취할 것인가 하는 것이다. 프랭클은 오직 인간에게만 가능한 삶의 자세로서 자신을 넘어서는 마음의 자세, 즉 '자기 초월'의 중요성을 강조한다. 그렇다면 자기 초월의 자세를 지닌다는 것은 무엇을 의미하는 것일까?

자기 초월이란 자기 자신에 매몰되지 않고 더 가치있는 것을 추구하는 인간의 태도를 의미한다. 자신에게 매몰된다면, 자기 생각이나 감정, 그리고 자신의 욕구에 빠져들어 다른 관점이나 타인을 보지 못하게 될 것이다.[23] 자신의 감정과 생각에 지나치게 집착하다 보면 자신을 제대로 만날 수 있는 마음의 공간을 만들기 어렵고 삶에서 중요한 가치나 의미를 발견하기 어렵게 된다.

인간으로 존재한다는 것은 자신을 넘어 더 큰 가치를 지향하며 스스로 자신과 거리를 둘 수 있는 능력을 지니고 있음을 의미한다.[24] 예를 들어, 시험을 위해 최선을 다했지만 낙방의 결과로 좌절감을 느낄 때, 그 감정에 휩쓸려 무너지지 않고 한 걸음 물러서서 바라보는 태도를 통해 자기 초월을 경험할 수 있다. 이때, 좌절에 머무르지 않고, 시험 준비 과정에서 도움을 준 사람들을 떠올리며 감사함을 느끼고, 열심히 노력한 자신을 다독이며 다시 일어설 수 있다. 또한, 자신의 시간과 노력을 들여 타인을 돕거나 사회에 봉사하는 것도 자기 초월의 예라고 할 수 있다. 우리는 자신의 편안함이나 금전적 이익만을 추구하기보다 더 큰 가치를 지향함으로써 자기 초월을 실천할 수 있다. 의미 있는 삶을 살아가기 위해서는 자기중심성을 넘어 더 큰 가치를 지향하고 타인과 세상으로 나아가는 '자기 초월'의 능동적인 자세가 필요하다.

인간의 삶에서 이러한 자기 초월이 더 의미 있는 이유는, 진정한 자기 초월이 자기와 타인이 인간답게 존재할 수 있는 공존의 양식이 되며 진정한 인간관계를 맺기 위한 기초가 되기 때문이다.[25] 자기중심성으로 가득 찬 사람들이나 자기 안에 매몰된 사람들 사이에서는 열린 소통을 하기 어렵고 진정한 관계를 맺기도 어렵다. 자기 초월은 타인의 목소리에 귀 기울이게 하고 다양한 관점에서 자신과 세상을 보게 만든다. 그리고 이를 통해 우리는 진정한 우정과 연대 그리고 사랑과 배려가 무엇인지를 느끼게 된다. 그것은 단지 추상적인 말로서 존재하는 허약한 개념이 아니라 우리의 마음과 삶에 존재하는 살아있는 삶의 의미가 된다.

07 삶에 대한 물음, 코페르니쿠스적 전환

'코페르니쿠스적 전환(Kopernikanische Wendung)'은 기존의 사고방식을 완전히 뒤집는 인식의 대전환을 의미한다. 이 표현은 코페르니쿠스가 지동설을 주장하며 천동설 중심의 세계관을 뒤바꾼 데서 유래했다. 철학자들은 기존 관념을 다르게 재해석하며 새로운 관점이나 인식의 변화를 제시할 때 '코페르니쿠스적 전환'이라는 표현을 비유적으로 사용한다.

프랭클은 삶의 의미를 발견하는 과정을 바로 이러한 코페르니쿠스적 전환으로 설명한다. 우리는 삶에서 좌절하거나 어려움을 겪을 때 삶에 물음을 제기한다. "삶이 왜 이렇게 어려운 것일까?", "어떻게 살아야 할까?" 하지만, 프랭클은 우리가 삶에게 의미를 묻는 그 물음이 궁극적으로 잘못되었다고 지적한다. 그리고 "물음은 오히려 삶으로부터 오는 것"이라고 말한다. 즉, "우리에게 질문하는 것은 바로 삶이며 우리는 질문을 받는 자들"인 것이다.26 이처럼 우리가 삶을 대하는 태도에서 "삶이 나를 위해 무엇을 할 것인가"에서 "내가 삶에 어떻게 응답할 것인가"로 이동하는 일대 전환이 바로 코페르니쿠스적 전환이라고 할 수 있다.

프랭클에 의하면 "살아간다는 것 자체가 바로 질문을 받는다는 것"이다. 우리는 살아가면서 삶이 제기하는 다양한 질문을 받을 수 있다. "당신은 어떤 가치를 추구하면서 살아가고 있는가?", "타인과의 관계에서 당신은 진정한 관계를 맺기 위해 어떤 노력을 하고 있는가?", "의미 있는 삶을 위해 당신은 오늘 어떤 선택을 할 것인가?"

삶의 의미는 주어지는 것이 아니라, 개인이 스스로 답을 찾아가야 하는 과제인 것이다. 우리는 살아가면서 삶으로부터 어떤 질문을 받고 있을까?, 당신은 삶이 제기하는 질문에 어떠한 대답을 내놓을 수 있는가?

08 로고테라피의 실행, 이 두 가지는 정말 중요!!

로고테라피에 대한 지식을 많이 가지거나 그것을 잘 설명할 수 있다고 해서 삶의 의미를 쉽게 발견할 수 있는 것은 아니다. 중요한 것은 삶을 살아가는 태도를 어떻게 실천하는가 하는 것이다. 삶의 의미를 제대로 발견하기 위해 정말 중요한 두 가지가 있다.

첫 번째는 삶의 의미가 자신의 삶 속에 통합되어야 한다는 것이다. 삶의 의미를 발견한다는 것은 단지 어떤 의미를 이해하거나 암기하거나 그 의미에 감탄하는 것과는 다르다. 삶의 의미는 '나의 삶' 속에 살아있어야 한다.

프랭클은 의미발견이 무엇인지 설명하기 위해 수용소에서 자살한 여성의 이야기를 들려준다. 프랭클이 포로수용소에 있을 때 한 여성이 수용소 삶을 견디지 못하고 자살한 사건이 있었다. 그때, 자살한 여성의 유품 속에서 "운명보다 더 강한 것은 그것을 견디는 용기이다."라는 문구가 적힌 종이가 발견되었다. 그 여성은 종이에 적힌 문구가 정말 중요하다고 생각했던 것 같다. 그 문구의 내용대로라면 그 여성은 자살하기보다는 자신의 삶을 꿋꿋하게 버틸 수 있었을 것이다. 하지만 그 여성은 결국 자살하고 말았다. 이는 삶에서 겪게 되는 극심한 고통 앞에서 의미를 찾는 것이 결코 쉽지 않다는 것을 보여준다. 그리고 신념이나 지혜로운 말을 이해하는 것보다 더 중요한 것이 있음을 시사한다. 프랭클은 말만으로 할 수 있는 것은 너무나 적다고 하면서 아무리 훌륭한 지혜라도 인간의 손길이 없으면 소용이 없다고 말한다.[27]

　우리는 책을 읽으면서 마음에 와 닿는 인상 깊은 글귀를 발견하곤 한다. 그리고 그것을 적어 책상 앞에 붙여 놓기도 하고 다이어리에 옮겨 적어두기도 한다. 그런데 프랭클은 아무리 훌륭한 문장이라도 그것이 그저 종이 위에 옮겨져 있는 문장에 불과하거나 책상 위에 붙어있는 보기 좋은 글귀에 불과하다면 아무 소용이 없다고 지적한다. 아무리 훌륭하고 위대한 글귀라도 나의 삶과 분리되어 있고 나의 존재 속에 녹아들지 않는다면 그 글귀는 나의 삶에서 어떠한 의미도 드러내지 못하는 활자에 불과하다. 중요한 것은 이러한 글의 내용이 우리의 삶에서 행동과 태도로 드러나고 우리의 일부가 될 때 비로소 진정한 의미를 지닐 수 있다는 것이다.[28]

　로고테라피를 실행할 때 염두에 두어야 할 두 번째는, 삶의 의미를 발견하기 위해서는 자신이 발 딛고 살아가는 세계를 그대로 볼 수 있어야 한다는 것이다. 프랭클은 로고테라피에서 치료사가 하는 일이 화가보다는 안과 의사가 하는 일에 가깝다고 말한다. 화가는 자기 눈에 비친 세상을 그림으로 그려서 우리에게 전하려고 노력한다. 화가는 세상을 아름답게 또는 멋있게 우리에게 보여준다. 하지만 삶의 의미는 세상을 특별하게 표현하거나 멋있게 포장한다고 해서 발견되는 것이 아니다. 한편, 안과 의사는 우리가 세상을 있는 그대로 볼 수 있도록 돕는다. 로고테라피에서 치료사는 환자의 시야를 넓히고 확장함으로써, 환자가 자신의 삶 속에서 의미의 다양한 스펙트럼을 인식하고 볼 수 있도록 돕는 역할을 한다.[29]

로고테라피에서 삶의 의미 찾기는 바람직한 가치를 제시하거
나 설명하여 전달함으로써 실현될 수 있는 것이 아니다. 삶의 의미
와 가치들은 그것을 발견하는 주체의 삶 속에서 진정한 의미를 지
닐 수 있다. 즉, 로고테라피에서 삶의 궁극적인 의미란 지적 인식의
문제가 아니라 오히려 실존적 실천의 문제가 된다.

미주 __ Endnote

1 이 글은, 이정렬 (2015), "의미 찾기를 통한 도덕과교육—로고테라피 이론을 중심으로—"(윤리교육연구, 38집) 내용의 일부가 포함되어 있음을 밝힙니다.

2 L. Lowry, 장은수 역 (2007), 『기억 전달자』, 서울: 비룡소.

3 R. Nozick, 남경희 역 (1997), 『아나키에서 유토피아로: 자유주의국가의 철학적 기초』, 서울: 문학과지성사, 68-70.

4 V. E. Frankl, 오승훈 역 (2005), 『의미를 향한 소리없는 절규』, 파주: 청아출판사, 25.

5 J. B. Fabry, 고병학 역 (1985), 『의미치료』, 서울: 하나의학사, 17.

6 V. Frankl, 이시형 역 (2014), 『죽음의 수용소에서』, 파주: 청아출판사, 187.

7 N. Noddings, 이지헌 외 공역 (2008), 『행복과 교육』, 서울: 학이당, 72-92.

8 N. Noddings, 이지헌 외 공역 (2008), 『행복과 교육』, 서울: 학이당, 84-85.

9 V. Frankl, 이시형 역 (2014), 『죽음의 수용소에서』, 파주: 청아출판사, 120.

10 V. Frankl, 오승훈 역 (2005), 『의미를 향한 소리없는 절규』, 파주: 청아출판사, 35-41 ; V. Frankl, 이시형 역 (2014), 『죽음의 수용소에서』, 파주: 청아출판사, 215.

11 V. E. Frankl, 남기호 역 (2009), 『삶의 물음에 '예'라고 대답하라』, 서울: 산해, 49.

12 V. E. Frankl, 오승훈 역 (2005), 『의미를 향한 소리없는 절규』, 파주: 청아출판사, 31.

13 A. Camus, 김화영 역 (2016), 『시지프의 신화』, 서울: 민음사, 16

14 A. Camus, 김화영 역 (2016), 『시지프의 신화』, 서울: 민음사, 182.

15 A. Camus, 김화영 역 (2016), 『시지프의 신화』, 서울: 민음사, 185.

16 A. Camus, 이가림 역 (1999), 『시지프의 신화』, 서울: 문예출판사, 178.

17 V. E. Frankl, 남기호 역 (2009), 『삶의 물음에 '예'라고 대답하라』, 서울: 산해, 74; V. E. Frankl & F. Kreuzer, 김영철 역 (2006), 『태초에 의미가 있었다』, 칠곡: 분도출판사, 31-32.

18 V. E. Frankl, 남기호 역 (2009), 『삶의 물음에 '예'라고 대답하라』, 서울: 산해, 23.

19 J. W. von Goethe, 전영애 역 (2023), 『파우스트』, 서울: 도서출판 길, 91.

20 V. E. Frankl, 이시형 역 (2012), 『삶의 의미를 찾아서』, 파주: 청아출판사, 163.

21 J. B. Fabry, 고병학 역 (1985), 『의미치료』, 서울: 하나의학사, 199.

22 E. Lukas, 이지혜 역 (2010), 『행복의 연금술』, 파주: 21세기북스, 30.

23 J. B. Fabry, 고병학 역 (1985), 『의미치료』, 서울: 하나의학사, 23.

24 V. E. Frankl, 이시형 역 (2012), 『삶의 의미를 찾아서』, 파주: 청아출판사, 83.

25 V. E. Frankl, 오승훈 역 (2005), 『의미를 향한 소리없는 절규』, 파주: 청아출판사, 76.

26 V. E. Frankl, 남기호 역 (2009), 『삶의 물음에 '예'라고 대답하라』, 서울: 산해, 35-36.

27 V. E. Frankl, 이시형 역 (2012), 『삶의 의미를 찾아서』, 파주: 청아출판사, 22; V. E. Frankl, 남기호 역 (2009), 『삶의 물음에 '예'라고 대답하라』, 서울: 산해, 25.

28 V. E. Frankl, 남기호 역 (2009), 『삶의 물음에 '예'라고 대답하라』, 서울: 산해, 25.

29 V. Frankl, 이시형 역 (2014), 『죽음의 수용소에서』, 파주: 청아출판사, 183.

3

기술이 만든 연결, 관계의 역설[1]

윈스턴 처칠(Winston Churchill)이 말했다.
"우리가 건물을 지은 다음에는 건물이 우리를 짓는다"고..
우리가 테크놀로지를 만들면, 그 다음에는 테크놀로지가 우리를 만든다.
그러므로 모든 테크놀로지에 대해 우리는 질문해야만 한다.
'우리의 인간적 목적에 부합하는가?'

- 터클(S. Turkle), 《외로워지는 사람들(Alone Together)》 -

01 로봇은 친구가 될 수 있을까?

영화 〈스타워즈〉를 본 적이 있는가? "R2D2 where are you?" 라고 말하는 휴머노이드 로봇 C-3PO를 보면서 저 로봇이 내 친구였으면 하는 바람을 가져본 적이 있을지 모르겠다. 혹은 디즈니 애니메이션에 등장하는 로봇 〈월-E〉를 그리워할 수도 있을 것 같다.

SF 소설의 대가인 아시모프(I. Asimov)의 소설을 모티브로 한 영화 〈바이센테니얼 맨(Bicentennial Man)〉은 로봇이 프로그램에 의해 움직이는 단순한 기계가 아니라 인간의 마음과 감정을 학습할 수 있는 존재로 그려진다. 앤드류라는 이름의 로봇은 로봇 전문가의 도움을 얻어 인간적인 외모뿐만 아니라 인간과 동일한 생체 조직도 갖추게 된다.

사실 영화에 등장하는 이런 로봇을 일상에서 찾아보기는 어렵다. 하지만 분명한 사실은 로봇 기술이 점점 발달하고 있으며 휴머노이드 혹은 동물 모습을 한 최첨단 로봇이 등장하고 있다는 것이다. 2017년 10월 인공지능 휴머노이드 로봇 '소피아(Sophia)'가 사우디아라비아 왕국으로부터 로봇 최초로 명예시민으로서 시민권을 부여받았다. 소피아는 핸슨 로보틱스에서 개발한 인공지능 로봇으로 인간과 비슷한 모습을 가졌으며 60여 가지 이상의 감정 표현을 전달할 수 있다. 사우디아라비아에서 열린 국제 투자 회의 '미래 투자 이니셔티브(FII, Future Investment Initiative)' 행사에 참석한 소피아는 "사우디아라비아 왕국에 감사의 말을 전하고 싶다."라며 감사의 마음을 전하였다.[2] 또한 소피아는 2018년 한국에서 개최된 '4차 산업혁명, 소피아에게 묻다' 컨퍼런스에 참석하여 다양한 감정 표현이 포함된

대화 능력으로 시선을 모았다.[3]

아시모프가 로봇 윤리를 제시했을 때, 로봇은 인간의 노동을 대신해주거나 인간에게 복종해야 하는 혹은 인간을 위협할 수 있는 존재로 인식되었다. 현대 사회에서도 다양한 로봇은 자동차 공장에서 조립을 실행하거나 지뢰를 탐지하는 역할을 하면서 효율적인 생산을 가능하게 하고 인간이 하기 어려운 임무를 수행해왔다. 그런데 최근에는 로봇이 노동을 효율적으로 수행하는 기계일 뿐만 아니라, 인간과 관계를 맺고 상호작용할 수 있는 존재로 자주 그려진다. 이처럼 로봇이 인간의 친구로 받아들여지게 된 계기는 무엇일까? 여러 이유가 있겠지만 우선, 인공지능 로봇이라는 존재가 인간의 삶에서 낯설지 않게 되었으며, 정서적 교감의 가능성을 로봇에게서 발견했기 때문일 것이다. 이제 로봇은 노동을 제공하는 도구를 넘어서 인간과 관계 맺고 정서적 소통이 가능한 존재로 인식된다. 최근에는 동물 모양을 본뜬 로봇이나 휴머노이드 로봇과의 상호작용과 소통을 통해 로봇에게 정서적 유대감을 느끼는 사람이 늘고 있다. 물론, '정서적 유대', '상호작용', '소통'이라는 개념을 어떻게 정의하느냐에 따라 달리 해석할 수 있겠지만 적어도 로봇을 친구 관계로 인식하는 사람들은 로봇과의 정서적 교감을 통해 유대감을 느낀다.

기술 철학자 다나허(J. Danaher)는 전장에서 전사한 로봇 전우를 위한 장례식과 그로 인해 병사들이 느낀 깊은 상실감을 예로 들면서, 군인과 폭탄 처리 로봇 사이에서도 정서적 유대감이 형성될 수 있다고 말한다. 다나허는 사람들이 로봇과의 상호작용을 통해 심리적 만족을 얻을 수 있으며, 특히 사회적 상호작용이 제한된 사람들에게는 로봇이 더 큰 의미로 다가올 수 있다고 역설한다.[4] 더 나아가 다나허는 '로봇 우정 논제(Robot Friendship Thesis)'를 통해 인간과 로봇 사이에 우정이라는 정서적 유대감이 가능함을 주장한다.

> **로봇 우정 논제**: 로봇은 우리의 친구로 간주될 수 있으며 로봇과의 우정은 사회적으로도 좋을 수 있다.

다나허는 인간과 로봇 간 우정(philia)이 가능함을 논의하면서 아리스토텔레스(Aristoteles)가 제시한 우정의 의미를 언급한다.[5] 아리스토텔레스는 우정을 세 가지로 구분했는데, 유익함(유용성)에 기반한 우정, 즐거움(쾌락)에 기반한 우정, 미덕에 기반한 우정이 그것이다. 먼저, 유익함(유용성)에 기반한 우정은 서로에게 실용적 이익이 있을 때 형성된다. 예를 들어, 함께 일하며 도움을 주고받거나, 필요한 정보를 교환하는 관계가 이에 해당한다. 하지만 이런 우정은 이익이 사라지면 관계도 지속되기 어렵다. 둘째, 즐거움(쾌락)에 기반한 우정은 서로에게 즐거움이나 기쁨을 줄 때 형성된다. 예를 들어, 함께 시간을 보내며 즐거움을 느끼거나 위안을 얻는 관계, 또는 공통의 취미를 통해 재미를 나누는 관계가 이에 해당한다. 하지만 이런 우정도 즐거움이 사라지면 약해질 수 있다. 셋째, 미덕에 기반한 우정이다. 아리스토텔레스는 이 우정을 가장 높은 형태의 우정으로 보았다. 이는 서로의 인격과 도덕적 성품을 존중하며, 진정으로 상대의 행복을 바라는 관계이다. 이 우정은 시간이 지나도 지속될 수 있으며, 서로에게 성장과 만족을 제공한다.

다나허에 의하면, 로봇은 유익함에 기반한 우정과 즐거움에 기반한 우정을 충족할 수 있다. 다만 다나허는 현재 개발된 로봇이 미덕에 기반한 진정한 우정의 차원에 이르기에는 여전히 한계가 있다는 사실을 인정한다. 그러나, 앞으로 감정 인식, 반응 생성, 맞춤형 상호작용과 같은 인공지능 로봇 기술이 발달한다면, 인간과 로봇 간 상호작용이 더욱 깊어져 로봇이 진정한(real) 친구가 될 수 있으며 미덕에 기반한 우정도 가능할 것이라고 주장한다.

로봇은 친구가 될 수 있을까? '던바의 수'로 유명한 인류학자 던바(R. Dunbar)는 우정과 고독은 사회적 동전의 양면이라고 말하면서 인간관계에서 느끼는 우정이라는 유대감이 인간 삶에서 필수적인 요소라고 강조한다.[6] 우리가 '친구'라고 말하는 관계는 어떤 관계일까? 던바는 인간이 '친구'라는 관계를 맺을 수 있는 사람 수를 약 150명으로 제시한다. 여기에는 폭넓은 사회적 연결망으로 형성된 친구, 일상적인 소식을 공유할 수 있는 친구, 특별한 날에 초대하거나 시간을 함께 나눌 수 있는 친구, 그리고 서로 깊은 감정적 유대를 형성하며 서로 의지할 수 있는 친밀한 친구가 있다. 이처럼 150명에는 사회적 지인에서부터 가족처럼 깊은 유대감을 느끼는 친구들까지 다양한 친구가 포함된다. 그렇다면, 로봇이라는 '친구'는 어디쯤 위치하고 있을까? 우리는 로봇을 통해 감정적 유대를 느낄 수도 있으며 정서적 위안을 받을 수도 있다. 로봇은 가장 친밀하고 가까운 관계로서 서로 의지할 수 있는 관계가 될 수 있을까?

던바는 150명의 친구 중에서도 정말 마음을 나눌 수 있는 친구는 15명 내외로 줄어든다고 말한다. 로봇 친구는 그 15명 내에 포함되는 친구가 될 수 있을까? 던바는 진정으로 마음을 나눌 수 있고 관계를 유지하는 데 있어 중요한 요소는 시간과 에너지라고 강조한다. 즉, 진정한 우정을 쌓고 유지하기 위해서는 많은 시간과 정성을 들여야 한다는 것이다. 이 세상에 쉽게 얻어지는 우정은 없다. 던바의 이러한 주장은, 깊고 의미 있는 관계를 형성하려면 꾸준한 관심과 헌신이 필수적이라는 점을 시사한다. 누군가를 깊이 배려하고 이해하는 일은 저절로 이루어지지 않으며, 갈등과 역경까지 함께 이겨내는 과정을 통해 신뢰할 수 있는 친구가 될 수 있는 것이다. 우정에 관한 연구들은, 우정이 상호적일 때 더 돈독한 관계로 이어지며, 상호적이지 않을 때 그 결과가 미미하다고 보고한다.[7] 이러한 논의들은 우리가 일상에서 '친구' 혹은 '우정'이라는 개념을 사용할 때, 그 친구가 어떤 관계인지, 또 어떻게 우정을 쌓아왔는지 자연스럽게 되돌아보게 한다.

던바가 지적했듯이 친구 관계는 다양한 층위로 나타난다. 그런데, 인공지능 로봇에게 느끼는 유대감이 인간관계에서의 우정을 대체할 수 있을까? 인간 간의 친구 관계는 복잡한 감정을 이해하고 공감하며 소통하는 감정적 연결이 가능하지만, 인간과 로봇 사이에서도 이런 관계가 가능할까? 우리가 로봇으로부터 느끼는 유대감과 위안은 실제 감정적 교류일까, 아니면 프로그래밍된 알고리즘이 만들어낸 결과일 뿐일까? 로봇을 학습 시스템이자 자동화된 체계로 받아들이는 것은 자연스러운 일이지만, 그것을 진정한 상호관계의 주체로 인정할 수 있을지는 앞으로 더 많은 고민이 필요하다.

더 흥미로운 점은 인공지능 로봇을 인간과 유사하게 만든다고 해서 인간이 로봇을 더 가까운 친구로 여기는 것은 아니라는 것이다. 인간－로봇 상호작용(HRI, Human-Robot Interaction) 연구에서는, 인간의 소통 방식을 모방하여 자연스러운 반응을 구현하는 로봇을 개발하기 위해, 로봇의 움직임이나 감정 표현에 인간이 어떻게 더 적절히 반응하는지를 분석한다.[8]

이 과정에서 사회 로봇공학자들은 의인화가 인간과 로봇 간의 사회적 교류를 지원하고 개선하는 데 효과적인 도구가 될 수 있다고 여긴다. 그러나, 로봇의 의인화와 관련하여 로봇공학자 모리(M. Mori)가 제시한 불쾌한 골짜기(uncanny valley) 이론9은 로봇이 인간과 얼마나 유사해야 하는지에 대해 새로운 의문을 제기한다. 이 이론에 따르면, 로봇이 인간과 비슷해질수록 처음에는 호감도가 높아지지만, 유사성이 일정 수준을 넘어서면 오히려 거부감을 느끼게 된다는 것이다.

최근 연구에서는 이러한 현상이 외모뿐만 아니라 로봇의 마음과 관련해서도 나타날 수 있다는 사실을 제시한다. 로봇이 인간처럼 불안이나 공포를 느낄 수 있고, 자제력이나 계획성과 같은 높은 인지 능력을 가진 존재로 인식될 때, 사람들은 불쾌감과 거북함을 느끼는 것으로 나타났다. 이러한 높은 정신 능력을 지닌 자기 지향(self-oriented) 로봇에 대해 사람들은 타자 지향(other-oriented) 로봇보다 훨씬 더 강한 거부감을 나타내는 것으로 드러났다.10 자기 지향 로봇은 자기 자신을 중심으로 행동을 조정하며, 자율적으로 목표를 설정하고 독립적으로 행동을 조정하는 로봇을 말한다. 반면, 타인 지향 로봇은 상대방의 필요나 기대에 맞춰 반응하며, 타인과의 상호작용에서 이들의 요구에 부응하는 방식으로 행동을 조절하는 로봇을 말한다.

왜 이런 현상이 나타나는 것일까? 인간은 로봇의 외모나 특성이 인간을 닮았을 때 흥미와 호기심을 느낄 수 있지만, 로봇이 인간처럼 스스로 목표를 설정하고 다양한 감정을 표출하며 인간처럼 행동할 때 인간과의 관계에서 느껴지는 부담감과 복잡한 감정에 직면하게 된다. 이는 로봇과의 상호작용이 단순히 편안하고 즐거운 경험을 넘어, 인간관계에서 흔히 겪는 갈등이나 책임감을 떠올리게 하기 때문이다.

　사람들은 자신에게 적응하며 위안을 주는 단순한 대상, 즉 갈등이나 상처를 유발하지 않고 친근하게 반응하는 로봇을 선호한다. 이런 맥락에서 로봇은 현대사회에서 복잡한 인간관계를 대신해 심리적 위안을 제공하는 존재로 자리 잡아가고 있다. 과연 이러한 현상을 기술 발전에 따른 긍정적인 변화로 해석할 수 있을까? 로봇이 심리적 위안을 제공하는 존재로 자리 잡아가는 과정에서, 우리는 진정한 인간관계를 어떻게 정의하고, 유지해 나갈 수 있을까?

02　묶인 자아의 불안정한 고립

　미국 생활조사센터(Survey Center on American Life)에 따르면, 1990년 이후 친한 친구가 없는 미국인의 수가 4배 이상 증가한 것으로 나타났다. 이러한 현상은 코로나 19 기간 동안 사회적 고립이 심화되면서 정서적 불안과 외로움을 느끼는 사람이 늘어난 데에서 그 원인을 찾을 수 있다. 한편, 이 보고서는 우리가 관계의 깊이나 본질에 지나치게 신경 쓰다 보니 사회적 연결의 수를 간과하게 되는 경향이 있다고 지적한다. 인간은 외로움을 느낄 수 있는 존재이며 이러한 외로움은 삶에 부정적 영향을 미칠 수 있다. 사회적 연결의 부족이 외로움을 심화시킬 수 있다는 점에서, 풍부한 사회적 연결망을 형성하는 것은 인간의 행복과 삶의 질을 위해 매우 중요하다.

　그런데, 터클(S. Turkle)은 현대사회에서 '연결'은 쉬워졌지만 '외로운' 사람이 늘어나는 현상에 주목한다. 현대인들은 언제든지 접속 가능하고 연락 가능한 상태로 묶여 있다. 하지만, 터클은 사람들이 이렇게 연결 상태에 있으면서도 정작 깊이 있는 인간관계를 꺼리면서 스스로 고립된 상태로 살아가는 모습을 발견한다. 터클은 이러한 현대인의 모습을 '묶인 자아(The tethered self)의 불안정한 고립'이라고 표현한다.[11]

한편, 터클은 많은 사람들이 온라인상에서 과하지도 부족하지도 않게 자신을 표현하고 있다는 점에 주목하면서 이를 '골디락스(Goldilocks)'라고 표현한다.

미국에서 어린아이에게 읽어주는 동화로 〈골디락스〉가 있다. '금발머리를 묶다'라는 의미를 지닌 '골디락스'는 귀여운 금발 꼬마 아이의 이름이다. 골디락스는 우연히 곰 가족이 사는 오두막에 들어가게 된다. 그곳에서 골디락스는 너무 큰 아빠 곰의 의자나 너무 많이 흔들리는 엄마 곰의 의자보다 자신에게 딱 맞는 아기곰의 의자를 선택한다. 동화 골디락스는 너무 크지도 작지도 않고, 너무 뜨겁거나 차갑지도 않고, 자기에게 딱 맞는 것을 선택하는 골디락스를 통해 아이들에게 균형과 조화를 추구하는 지혜에 대한 교훈을 전한다.

동화 골디락스에서 주인공이 자신에게 딱 맞는 것을 찾는 것처럼, 현대인들은 인간관계에서도 적당한 거리와 깊이를 유지하며 '딱 맞는' 관계만을 추구하는 경향이 있다. 터클은 사람들이 SNS에서 자신을 다양하게 표현하려 애쓰면서도, 정작 관계는 깊이 없는 피상적인 수준에 머문다고 지적한다.

예를 들어, 사람들은 SNS에서는 일상 속 다양한 모습을 공유하면서도 타인의 시선을 의식해 편집된 모습이나 긍정적인 면만을 주로 드러내는 경향이 있다. 이는 마치 골디락스가 너무 크거나 작지 않고, 너무 차갑거나 뜨겁지 않은 상태만을 고르듯이, 사람들이 적당한 수준의 관계와 자아 표현을 선호한다는 점을 시사한다. 이러한 모습은 갈등이나 충돌을 피하면서 편안한 상태를 유지하는 데 도움이 될 수 있지만 결국 깊이 있는 관계나 진정성 있는 소통이 부족해져 고립과 외로움의 문제로 이어질 수 있다.

우리는 골디락스처럼 다른 사람들과 부딪히거나 갈등을 겪지 않으면서도, 적당한 거리를 유지하며 평화로운 삶을 살아갈 수 있다. 그렇다면, 이런 평화로운 관계에 어떤 문제가 있는 것일까? 외로움을 느끼는 사람들이 늘어가는 것이 문제일까? 외로움을 해소하면 관계의 문제가 모두 해결되는 것일까?

03 정말 외로움이 문제일까?

인간은 본질적으로 외로움을 느끼는 존재이다. 우리가 외로움을 느끼는 것은 사회에서 사람들과 관계를 맺고자 하는 갈망을 반영한다. 하지만, 우리는 여기서 '외로움' 자체보다도 그 이면에 있는 인간의 심리나 사회적 현상에 주목할 필요가 있다.

현대 사회에서 로봇은 인간에게 다양한 혜택과 정서적 안정을 제공한다. 프룹스(L. Proops)와 동료들은 연구를 통해 로봇 동물이 실제 치료견을 대체하는 역할을 할 수 있다는 결과를 제시하였다. 이 연구에서는 11-12세 아동들을 대상으로 푸들, 래브라도 리트리버와 같은 실제 강아지와 로봇 동물 Miro-E와 함께 시간을 보내도록 하였다. 처음 설문 조사에서 아이들은 실제 강아지들을 더 선호하였으나 로봇 동물과 함께 지낸 후 로봇 강아지에게 더 긍정적인 감정을 가지는 것으로 나타났다. 이 연구를 바탕으로 연구진은 로봇 강아지가 치료견을 대체할 수 있다는 결론을 제시하였다.[12]

　　Miro－E는 본래 교육 및 치료용으로 개발된 귀여운 동물 모양의 로봇으로서, 어린이들에게 학습을 흥미롭게 만들어 주는 교육도구로 사용되기도 하며 노인이나 환자에게 대화 상대가 되어 정서적 지원을 제공하기도 한다. 이 외에도 로봇 강아지 Aibo, 장기 요양 시설 거주자를 위해 개발된 물개 모양의 Paro 등이 인간에게 정서적 안정과 치료 효과를 나타내며 사회적 기술 학습을 가능하게 한다는 연구들이 제시되고 있다.[13] 이러한 연구들은 소셜 로봇이 인간에게 신체적·정신적 편안함과 안정감을 주며, 사회적 상호작용을 위한 학습을 가능하게 하며 사회적 행동에 대한 모델링을 제공한다고 보고한다. 이런 점에서 로봇은 인간 삶에 유익한 경험과 혜택을 제공해 줄 수 있다.

　　터클은 로봇이 인간에게 제공하는 다양한 이점이나 혜택을 인정하면서도 로봇을 통해 느끼는 정서적 유대감이 실제 관계에 대한 허상(artifact)을 만들어낼 수 있다고 우려한다.[14] 같은 맥락에서 프레스콧과 그의 동료(T. J. Prescott & M. Robillard)는 로봇이 인간 사회에 다양한 이익을 제공한다는 점을 인정하면서도, 그와 동시에 로봇과의 관계가 형성되는 방식과 그 관계가 인간 간의 관계를 어느 정도 대체하는지에 대해 주목할 필요가 있다고 지적한다.[15]

　　터클은 로봇과의 상호작용이 인간의 삶과 관계에 중요한 변화를 가져오는 지점을 '로봇화 순간(The robotic moment)'이라고 부른다.

이 개념은 인공지능 로봇이 인간의 친구, 동료, 심지어 감정적 지지를 제공하는 존재로 인식되기 시작하면서, 인간관계와 정서적 연결에 대한 우리의 태도가 근본적으로 변화하는 상황을 나타낸다. 로봇화 순간은 로봇 기술의 발달로 인간관계가 로봇과의 소통과 정서 공유로 대체되면서, 관계의 본질과 의미가 변화할 가능성에 대한 우려를 담고 있다. 즉, '로봇화 순간'은 인공지능 로봇이 인간의 친구이자 동료로서 받아들여지는 과학 발전 시대에 대한 비판적 성찰과 함께, 기술이 우리의 정서적 삶과 사회적 관계에 미치는 영향을 검토할 것을 요구한다.[16]

'로봇화 순간'에 대한 터클의 비판적 견해는 로봇 기술을 반대하거나 로봇의 사용을 금지해야 한다는 의미가 아니다. 터클은 인공지능 로봇과 같은 과학기술의 발전이 인간에게 더 깊은 성찰을 요구한다는 점을 강조하는 것이다. 터클의 문제의식은 〈외로워지는 사람들(Alone Together)〉의 부제에서 잘 드러난다. 이 책의 부제는 "우리는 왜 기술에 대해 더 많은 것을 기대하고 서로에게는 덜 기대하는가?"이다. 터클은 과학기술이 인간의 취약한 점을 파고들어 오히려 그 취약성을 악화시키고 있다고 지적한다. 우리는 인간관계에서 겪는 실망과 위험을 두려워한다. 이러한 심리 때문에 직접적이고 가까운 관계 맺기를 꺼리게 되고, 대신 통제할 수 있는 인공지능 로봇을 가까이하게 되는 것이다.

터클은 인공지능 로봇과 같은 과학기술이 인간의 복잡한 감정과 삶의 다양한 측면을 단순화시켜 삶의 어려움과 골치 아픈 부분들을 간과하게 만들 수 있다고 우려한다. 과학기술의 발달로 우리는, 일방적으로 조종할 수 있는 매체와 기계에 익숙해지면서, 인공지능 로봇과의 상호작용을 훨씬 편하게 느끼게 되었다. 그러나 로봇과의 관계에 익숙해질수록 사람들과 부딪치고 갈등하며 감정을 나누는 것이 점점 힘들게 느껴지고, 복잡하고 섬세한 인간관계를 회피하고 싶은 마음이 커진다. 이 과정에서 우리는 로봇에게는 둘도 없는 친구가 될 수 있지만 현실 세계의 인간 친구와는 소통하기 어렵고 원만한 관계를 잘 유지하지 못하는 사람이 될 수 있다.

04 관계 맺기를 어렵게 만드는 것: 자기중심적 커뮤니케이션

미디어의 발달은 우리의 삶을 더욱 효율적이고 편리하게 만들어준다. 그 한 예로 '문자 메시지'를 들 수 있다. 굳이 손편지를 쓰거나 번거롭게 통화하지 않아도 문자 메시지를 통해 하고 싶은 말을 간단히 전달할 수 있다. 그리고 직접 통화하지 않거나 굳이 만나지 않아도 문자나 이메일을 통해 중요한 업무를 처리할 수 있다. 하지만, 문자 메시지로만 소통한다면 어떻게 될까? 이메일로만 의견을 전달하면 우리의 관계는 어떻게 될까?

네트워크에서 소통은 언제나 선택적이며 자신에게 불편한 메시지에 대해 회피할 수 있는 여지가 있다. 하지만, 우리는 그 전에 우리 자신에게 물어야 한다. "이게 정말 적절한 것인가?", "이 방식이 과연 옳은 것인가?" 상황에 따라 문자 메시지가 적절한지 깊이 고민하지 않고 일방적으로 메시지를 보낸 뒤 우리는 그 뒤로 숨을 수 있다. 이는 일시적으로 불편한 감정에서 벗어나게 해주며 자신이 통제할 수 있다고 느끼게 만든다. 이러한 점에서 디지털 소통은 눈치 볼필요 없는 자기중심적 커뮤니케이션 문화를 조장할 수 있다.

이러한 테크놀로지 이용 방식은 사과하는 방식에서도 드러난다. 우리는 살아가면서 때로는 진심으로 사과해야 할 상황에 직면하게 된다. 하지만, 영혼 없이 "미안해"를 남발하는 태도는 진정한 마음을 전하지 못할 뿐 아니라, 상대방에게 오히려 무례하게 비칠수 있다. 중요한 것은 '사과'라는 행위가 결코 쉬운 과정은 아니지만, 잘못했을 때 진정성 있는 사과가 필요하다는 점이다.

우리는 가끔 직접 대화하는 대신 기술을 활용해 마음을 전하는 방법을 찾는다. 예를 들어, "바쁘신 것 같아 문자로 남깁니다. 지난번 일은 정말 죄송했습니다."라고 문자를 남기는 경우가 있다. 이는 바쁜 상대방을 배려하는 표현일 수 있지만, 진정한 사과의 마음이 제대로 전달되었는지, 그리고 상대가 이를 충분히 이해했는지 알기 어렵다.

사과하는 방식에도 여러 수준이 있다. 이를 굳이 LEVEL 1에서 LEVEL 10까지 나눈다면, 간단히 문자로 미안함을 전하거나 이모티콘을 이용해 유머와 애정을 담아 용서를 구하는 방법도 있다. 상황에 따라 정중하게 문자를 보내야 할 때도 있고, 직접 전화하거나 만나서 진심을 전해야 할 때도 있다. 우리는 상황에 따라 적절한 방식으로 다양한 형태로 사과할 수 있다.

그런데, 문자나 카톡 같은 간편한 방식의 사과는 상황에 따라 적절할 수 있지만, 이 과정에서 일방적으로 사과를 '통보'하는 태도는 상대방의 감정을 충분히 배려하지 않는 결과로 이어질 수 있다. 친구에게 사과할 때 직접 만나거나 진심을 담아 편지를 쓰고, 통화를 해서 마음을 전하는 일은 부담스럽고 불편하게 느껴질 수 있다. 그래서 우리는 종종 간편하게 문자나 이메일을 통해 사과를 '통보'

하려는 마음을 가질 수 있다. 그런데 이러한 사과 방식이 왜 문제가 될까? 이러한 방식은 상대방의 아픈 마음을 헤아리고 미안함을 전하려는 진정성보다는 자신의 불편한 마음을 털어버리려는 심리가 앞서 작용하기 때문에 문제가 된다. 더 심각한 것은 이러한 일방적인 소통과 사과 방식의 문제를 제대로 인지하지 못하는 경우가 많다는 점이다. 사과는 전달 방식뿐 아니라 상대방의 감정을 헤아리는 세심한 배려가 필요한 소통의 과정이다.

직접 얼굴을 마주하는 상황에서는 내가 상대방에게 상처를 주었다는 사실을 확인할 수 있고 상대방도 내가 진심으로 미안해하는 마음을 느낄 수 있다. 사과와 용서의 과정은 상호적이다. 진정으로 뉘우치고 사과하려면 상대방의 입장에서 생각해야 하며, 사과를 받는 입장에서도 상대의 관점을 이해하고 느낄 때 비로소 마음이 움직일 수 있다.[17]

중요한 것은 디지털 기기 저 너머에 있는 상대를 어떻게 인식하는가의 문제이다. 기술에 의존하는 삶에서는 화면 너머에 있는 사람들을 '누구'가 아니라 '무엇'으로 인식하기 쉽다. 즉, 상대방을 나와 같은 감정을 지닌 존재로 여기기보다는 빨리 처리해야 할 '대상'으로 여기는 경향이 있다는 것이다. 터클은 이러한 문제를 지적하면서 디지털 기술을 보다 인간답게 만들 필요성을 강조한다.

> 우리는 기술에 푹 빠져 있습니다. 우리는 두렵습니다. 처음 연애하는 사람들처럼 너무 많은 말로 연애를 망치게 됩니다. 하지만 이제는 말을 해야 할 때입니다. 사람들은 디지털 기술과 함께 자라서 이제는 모두 성장한 걸로 보고 있습니다. 하지만 아닙니다. 아직도 초년기입니다. 우리에게는 기술을 어떻게 사

용할지, 어떻게 만들지를 다시 생각할 충분한 시간이 있습니다. 사람들에게 많은 기계들을 쓰지 말자고 말하는 게 아닙니다. 기술을 가지고 서로 서로가 스스로를 위해 자각할 수 있는 관계를 만들자고 하는 것입니다.[18]

터클은 "우리가 건물을 지은 다음에는 건물이 우리를 짓는다."는 처칠(W. Churchill)의 말을 인용하며, "우리가 테크놀로지를 만들면, 그 다음에는 테크놀로지가 우리를 만든다."고 말한다. 이는 테크놀로지가 단순한 도구를 넘어 인간의 사고방식과 삶에 깊은 영향을 미친다는 점을 보여준다. 터클은 이에 대해 "우리가 소중히 여기는 것을 존중하는 방식으로 테크놀로지를 빚어야 한다."고 강조하며, 기술이 인간의 삶을 더 인간답게 만드는 데 기여해야 한다고 주장한다. 삶을 편리하게 만드는 도구를 넘어 우리의 사고방식, 삶의 방식, 그리고 인간관계에까지 영향을 미치는 테크놀로지에 대한 깊은 성찰이 필요하다. 우리가 만들어 가는 기술은 인간의 가치와 어떻게 조화를 이루고 있을까? 기술과 함께 하는 삶 속에서 우리가 고민해야 하는 것은 무엇일까?

05 관계를 맺는다는 것

사르트르(J. P. Sartre)의 희곡 《닫힌 방》에는 세 인물이 등장한다. 가르생, 이네스, 에스텔의 영혼은 죽은 후 지옥에서 만나 닫힌 방에 함께 갇히게 된다. 세 사람은 그 공간에서 머물며 살아 있을 때 무슨 일을 했고 왜 죽게 되었는지 서로 이야기한다. 처음에 그들은 마음이 잘 맞는 듯하다가도, 곧 서로를 괴롭히고 다투며 불편한 동거를 이어간다. 어느 순간 방의 문이 잠깐 열려 그 곳에서 벗어날 기회가 주어지지만, 그들은 나가지 않고 계속 대화를 이어간다. 이 희곡의 메시지는 마지막에 등장하는 가르생의 대사 "지옥은 바로 타인들이야"[19]를 통해 드러난다. 즉, 가르생이 말하는 '지옥'은 실제로 고통과 벌이 주어지는 물리적 장소가 아니라, 타인의 평가와 시선에서 벗어나지 못하고 스스로를 그 속에 가두어 자유롭게 살아가지 못하는 상태를 의미한다.

우리 주변의 타인이 지옥처럼 느껴질 때는 언제일까? 우리는 타인들로부터 어떠한 마음의 상처를 받고 있는 것일까? 우리의 어떤 행동들이 타인과의 관계를 훼손하는 것일까? 나의 어떤 모습과 행동이 타인들을 힘들게 하는 것일까? 타인의 시선과 평가, 무례한 태도 그리고 무리한 기대와 요구는 종종 "타인이 지옥"이라는 생각을 불러일으킨다.

그런데, 타인은 정말 지옥일까? 다른 관점에서 본다면 타인은 우리의 삶과 성장에 필요한 존재가 아닐까? 월딩어(R. Waldinger)는 하버드대학교 성인발달연구소(Harvard Study of Adult Development)에서 75년간 진행한 연구를 통해, 인생을 잘 사는 데 가장 중요한 요인이 바로 '관계'라는 결과를 보고한다. 즉, 가족, 친구, 공동체와의 사회적 연결이 더 긴밀할수록 더 행복하고, 신체적으로 건강하며, 더 오래 사는 것으로 나타났다. 또한 살아가면서 동료 및 친구와의 관계에서 적극적으로 노력한 사람들이 행복한 삶을 살았다고 보고한다. 반면에 자신이 원하는 수준 이상으로 고립되어 있는 사람들은 행복감을 덜 느끼는 것으로 밝혀졌다.[20]

그렇다면 '관계'란 무엇일까? 타인들과 어떠한 이야기를 나누고 어떻게 상호작용하느냐에 따라 타인은 지옥이 될 수도 있고 우리를 성장시키며 행복한 삶을 만들어주는 소중한 존재가 될 수도 있다. 그렇다면 우리는 다음과 같은 질문을 던져볼 수 있다. "우리를 성장시키는 관계란 무엇일까?", "인격적 관계를 맺는다는 것은 무엇을 의미할까?"

오스트리아 철학자 부버(M. Buber)는 진정한 인간 존재는 고립된 상태가 아니라 '관계' 속에서 드러난다고 말한다. 부버에 의하면 우리는 '나' 그 자체로 존재하지 않는다. 인간은, '나-너'의 '나'로 존재하거나 '나-그것'의 '나'라는 관계 속에서 존재한다.[21] '나-그것'의 관계에서는 상대를 대상(그것)으로 경험한다. 이는 비인격적 관계를 의미하며 한 인간이 타자를 수단적·도구적 존재로 여길 때 나타난다. 한편, '나-너'의 '관계'는 언제나 상호적이다. 이러한 '나-너'와 '나-그것'이라는 두 세계는 별개로 존재하는 다른 세계가 아니다. 나의 마음가짐과 상대를 대하는 자세에 따라 나는 '나-너'의 세계에 존재할 수도 있고 '나-그것'의 세계에 존재할 수도 있다.

따라서, 진정한 관계란 상대를 통제하거나 갈등이 없는 상태를 의미하지 않는다. 오히려 상대를 하나의 온전한 인격체로 존중하며 동등하게 대하는 것이 진정한 인간관계를 형성하는 필수적인 요소이다. '나-너' 관계에서는 서로가 고유한 존재로서 인격적으로 존중받고, 그 관계 속에서 진정한 상호작용과 이해가 이루어진다. '나-너'의 관계가 성립하려면 '나'와 '너'가 서로를 인격적으로 대해야 한다. '나'의 쪽에서 보면 '내'가 '너'에게 다가가 직접적인 관계를 맺는 동시에 '너' 또한 '나'를 선택하는 것이다. 그러기에 '만남'

이란 결국에는 '선택하는 것'인 동시에 '선택받는 것'이다.[22]

이렇게 본다면 인간은 관계 속에서 존재하며 우리의 정신은 '나'와 '너'의 '사이'에 있다고 할 수 있다. 부버는 인간의 정신이 사람의 몸속을 흐르는 피와 같은 것이 아니라 우리가 숨 쉬고 있는 공기와 같이 관계와 연결 속에서 존재한다고 말한다.[23] 부버는 '사랑'을 예로 들면서, 진정한 사랑이란 "나는 너를 사랑해"라고 하면서 상대를 나의 대상으로 만들려는 일방적인 감정이 아니라, '나'와 '너'의 관계 속에서 존재한다고 지적한다. 즉 사랑은 '나'와 '너'가 서로를 존중하고 배려하는 관계 속에서 함께 존재하는 상호적 경험이다. 부버는, 사랑은 존재의 가장 깊은 차원에서 이루어지는 상호작용이며 이것을 깨닫지 못하는 사람은, 자신의 온몸과 마음을 다 바치더라도 끝내 사랑이 무엇인지 알지 못한다고 역설한다.[24]

부버가 말했듯이 인간은 관계 속에서 존재하지만, '나와 너'의 관계를 맺는 것은 결코 쉬운 일이 아니다. 관계란 단순히 존재하는 것이 아니라, 적극적으로 형성하고 유지해야 하는 것이라는 점에서 도전적인 과정이다. 생텍쥐페리(Antoine de Saint-Exupéry)의 소설 《어린 왕자》는 '관계 맺음'에 대한 깊은 울림을 준다. 여우는 어린 왕자에게 '길들인다'는 말의 의미를 설명하면서, 관계를 맺기 위해서는 시간과 인내, 그리고 헌신이 필요하다는 것을 가르쳐준다. 이 과정은 결코 쉽지 않지만, 그렇게 맺어진 관계는 그만큼 소중하고 특별하다는 점을 깨닫게 한다.

여우는 관계를 맺는다는 것은 단순히 서로 아는 것을 넘어 '이 세상에 단 하나뿐인 특별한 존재가 되는' 것이라고 설명한다. 우리는 수많은 사람들 중 서로를 선택하고 관계를 맺음으로써, 서로에게 유일하고 특별한 존재가 되는 것이다. 관계 맺음에 대한 여우의 이러한 설명은, 서로를 이해하고 소중하게 여기며 유대감을 형성하는 과정의 중요성을 일깨워준다. 또한 여우는 관계를 맺음으로써 그전에는 눈에 보이지 않던 소중한 가치를 발견할 수 있다고 말한다. 그 가치는 돈으로 살 수 없는 것이며, 오직 마음을 통해서만 나눌 수 있는 것들이다. 여우의 가르침은 우리에게 관계란 단지 외적인 연결이 아니라, 내면의 진실한 교감을 나누는 특별한 유대임을 일깨워준다.[25]

또한, 관계를 맺는다는 것은 서로에게 특별한 존재가 되는 것일 뿐만 아니라, 그 관계에 대해 진심으로 책임진다는 것을 의미한다. 여우의 말처럼, "길들여진" 존재는 단순한 누군가가 아니라, 돌보고 배려해야 할 소중한 존재로 자리잡게 된다. 관계란 단지 함께 있는 것이 아니라, 서로를 유일한 존재로 만들어주는 마음의 연결이며, 깊은 헌신과 서로에 대한 책임을 통해 완성되는 것이다.

06 대화를 되찾기 위해

살아가면서 마음을 털어놓을 사람이 있다는 것은 참 행복한 일이다. 문득 누구에게 전화하고 싶을 때 내 이야기를 들어 줄 사람이 있다는 사실만으로도 정말 큰 위안이 된다. 또, 직접 만나 이야기를 나누는 것은 더 깊이 있는 소통을 가능하게 한다. 하지만 현실적으로 친구들과 직접 만나 의미 있는 대화를 나누는 것이 항상 쉬운 일은 아니다. 최근 미디어와 SNS의 발달로 우리는 사람들을 직접 만나지 않아도 많은 대화를 나눌 수 있게 되었고, 심지어 이모티콘이라는 유용한 도구(?)를 사용하여 마음을 표현하기도 한다. '감사합니다'라는 문자만으로 어딘가 섭섭함이 느껴질 때, 사랑과 감사를 담뿍 전할 수 있는 유용한 이모티콘 하나쯤은 누구나 가지고 있을 것이다.

카네기 멜론 대학교(Carnegie Mellon University)의 팔먼(S. Fahlman) 교수가 1982년 온라인 게시판에서의 소통을 돕기 위해 이모티콘을 만든 것이 지금 우리가 흔히 사용하는 이모지 혹은 이모티콘의 출발점이 되었다. 팔먼 교수는 텍스트만 사용할 수 있는 온라인 게시판의 한계를 느끼고 농담이나 감정을 전달하기 위한 수단으로 이모티콘을 개발했다고 한다.

이모티콘은 우리의 감정을 더 잘 표현하고 좋은 관계를 맺고자 하는 마음을 나타낸다. 적절한 이모티콘은 효율적인 의사소통을 도울 뿐 아니라 때로는 웃음과 감동을 주기도 한다. 그렇다면 이모티콘을 자주 사용하면 소통이 원활해지고 관계가 잘 형성되는 것일까? 우리에게는 얼마나 많은 이모티콘이 필요한 것일까?

이모티콘은 분명 소통에 많은 도움을 준다. 하지만 문자나 이모티콘을 아무리 잘 사용한다고 해도 직접 만나서 대화하는 것과는 다르다. 텍스트로 아무리 많은 이야기를 나누었다 하더라도 실제로 만나서 눈을 마주치고 표정을 읽으면서 대화하는 것과는 비교할 수 없다. 물론 직접 만나서 대화할 때 내용 전달이나 감정 표현이 어색하고 서투를 수 있다. 또한, 대화하는 과정에서 갈등이 생기거나 불편한 감정을 느낄 수도 있다. 하지만 이런 어색함과 불편함을 피하기 위해 계속해서 문자나 이모티콘에만 의존하여 소통할 수는 없는 일이다. 우리는 단지 인터넷이나 스마트폰에서만 살아가는 사람이 아니기 때문이다. 그렇다면, 이모티콘이 닿지 못하는 마음의 깊이는 무엇으로 전할 수 있을까?

우리는 태어나면서부터 타인을 존중하는 법을 아는 것도 아니며 그 방법을 저절로 터득할 수 있는 것도 아니다. 우리는 시행착오를 겪고 경험하면서 타인을 존중하고 배려하는 것이 무엇인지 배워나간다. 자신이 하는 말에 대해 상대방이 어떻게 반응하는지 살피면서, 어떤 말이나 표정이 상대를 화나게 하거나 기쁘게 하는지 깨닫게 된다. 이러한 과정을 통해 우리는 공감 능력, 소통 능력, 그리고 사회적 감각을 기를 수 있다.

그러나, 타인을 존중하면서 소통한다는 것이 반드시 말을 많이 해야 한다는 것을 의미하지는 않는다. 부버는 《사람과 사람 사이》라는 책에서 **진정한 대화**(genuine dialogue)를 상대방에게 '인격적으로', '응답'하는 마음과 태도를 담은 대화라고 설명한다. 단순히 말을 많이 한다고 해서 진정한 대화가 되는 것은 아니다. 또한, 우리의 일상 대화가 항상 진정한 대화로 이루어지는 것도 아니다.

일상 속에서 우리는 업무를 처리하거나 사실과 정보를 정확히 전달하기 위해 **실무적 대화**(technical dialogue)를 나누곤 한다. 예를 들어, 은행이나 공공기관에서 업무를 볼 때 이루어지는 대화가 이에 해당하며, 이런 대화에서는 인격적인 교감이 크게 중요하지 않다. 이러한 대화는 실용적인 목적에는 적합하지만, 사람 간의 깊은 연결을 형성하는 데에는 한계가 있다.

한편, 겉으로는 대화처럼 보이지만 실제로는 서로에게 진심으로 반응하지 않는 **대화로 위장된 독백**(monologue disguised as dialogue)이 있다. 예를 들어, 한쪽이 자신의 주장만 일방적으로 이야기하거나 상대의 의견을 무시한 채 형식적으로만 이루어진 대화가 이에 해당한다. 또, 겉으로는 사랑스럽고 다정한 말을 주고받는 것처럼 보이지만, 결국 허공에 머무는 공허한 말로 그치는 대화 역시 대화로 위장된 독백이라 할 수 있다. 이처럼 대화로 위장된 독백은 대화 상대를 진정으로 향하지 않기에 공허한 독백에 불과하며, 진정한 관계를 맺는 의사소통으로 나아갈 수 없다.[26]

우리는 다른 사람과 늘 진정한 대화를 나눌 수는 없다. 하지만, 상대와 인격적인 관계를 맺기 위해서는 진정한 대화가 필수적이다. 이때 중요한 것은 대화를 하는 마음가짐이다. 진정한 대화는 상대의 의견에 반드시 동의해야 한다는 것을 의미하지 않는다. 오히려 그것은 함께 무언가를 성취하거나 많은 일을 한다는 외적 결과로 드러나는 것이 아니라, 상대를 존중하고 배려하는 진정성에서 비롯된다.[27]

또한, 타인과 관계를 맺고 소통하기 위해서는 자신의 마음을 돌아보고 성찰하는 시간을 가지는 것이 필요하다. 다른 사람과 많은 시간을 보내거나 대화를 많이 하는 것도 필요하지만, 한편으로 우리는 자신을 바라보고 성찰하는 시간을 가질 필요가 있다. 우리에게는 자신과 타인에 대해 마음을 쓰고 성찰할 수 있는 마음의 공간이 필요하다. 터클은 독일의 신학자 틸리히(P. Tillich)를 인용하면서 "언어는 (…) 홀로 있는 고통을 표현하기 위해 '외로움'이라는 말을 만들어냈다. 그리고 홀로 있는 영광을 나타내기 위해 '고독'이라는 말을 만들었다."고 말한다.[28] 여기서 말하는 고독은 이 세상에 홀로 있다고 느끼는 외로움과는 다르다. 오히려 스스로 선택한 '능동적 고독'이라는 표현이 더 정확할 것이다. 이러한 고독은 떠밀려서 어쩔 수 없이 혼자 있는 상태가 아니라 자신을 성찰하기 위해 스스로 선택한 능동적 과정을 의미한다.

이러한 의미에서, 혼자 있는 동안에도 끊임없이 디지털 콘텐츠에 몰두하거나 SNS를 탐색하고 있다면, 이는 진정한 고독의 상태라고 할 수 없다. 사회학자 바우만(Z. Bauman)은 '상시 접속' 상태에 있는 사람은 결코 온전하게, 충분히 혼자일 수 없다고 말한다. 바우만은 고독이라는 시간의 소중함을 다음과 같이 표현한다.

> 외로움으로부터 도망치는 사람은 고독의 기회를 놓친다. 사람이 생각을 '그러모아' 숙고하고 반성하고 창조하는 능력, 그 마지막 단계에서 타인과의 대화에 의미와 본질을 부여하는 능력의 바탕이 되는 숭고한 조건을 잃는 것이다. 그러나 고독을 한 번도 맛보지 못한 사람은 자신이 무엇을 박탈당했고, 무엇을 버렸고 무엇을 놓쳤는지 영원히 알 수 없을 것이다.[29]

바우만은 인간의 삶에서 고독이라는 공간과 시간이 필요하다고 강조한다. 결코 혼자가 될 수 없는 사람은 다른 사람뿐만 아니라 자신의 내면조차 돌아보기 어렵다. 고독을 즐길 줄 알고 두려워하지 않는 사람은 외로움에 밀려 공허한 연결을 시도하는 일이 없을 것이다. 고독을 수용할 수 있어야 타인과 더 진실한 관계를 맺을 수 있으며, 내가 누구인지 알아야 타인의 참모습도 이해할 수 있다. 결과적으로 고독은 풍요로운 대화를 가능케 한다.[30] 하지만 정말 중요한 것은 '어떠한 고독인가'이다. 존슨(S. Johnson)은 '바람직하지 않은 고독'[31]을 지적한다.

고독의 찬미자들 대다수는 자신의 열정에서 일시적인 만족을 얻을 뿐 그보다 더 높이, 더 멀리까지 보지는 못한다. 그중에서 일부 거만하고 성급한 자들은 남들의 관심을 요구하면서 정작 자신은 그러고 싶지 않다는 이유로 사회를 떠나버린다. 바람직한 삶이 어떤 것인지 생각해보지도 않고, 비판이나 통제가 도달하지 못하는 곳으로 가서 다른 사람의 편의나 의견에 맞출 필요 없이 언제까지나 자기 마음대로 살 기회를 얻으려 한다.

존슨은 고독을 통해 많은 것들을 배울 수 있더라도 그 고독이 관계를 통한 자기 성찰이 아닌 '고립'으로 머문다면 문제가 된다고 지적한다.

고독 덕분에 배움을 얻을 수 있더라도 이를 적용하려면 여러 사람과 대화해야 한다. 가르칠 수 없다면 배움도 아무 쓸모가 없다. (…) 자기 생각을 다른 사람들의 것과 비교하지 않는 사람은 자신이 처음 갖게 된 생각을 그대로 받아들인 채 그에 대해 나올 수 있는 반대 의견은 잘 보지 못한다.

능동적인 고독은 진정한 대화를 위한 사유를 제공한다. 고독 속에서 자신을 성찰하는 것은 자신을 성장시키는 기회이자 타인을 공감하고 배려하는 인간적 능력을 기르는 데 필요한 과정이다. 이러한 성찰의 시간이 우리 자신을 돌아보게 만들고 나아가 진정한 인간관계를 맺는 것을 가능하게 할 것이다.

앞으로 과학기술은 우리가 상상할 수 없을 정도로 발전할 것이다. 로봇 윤리학자 린(P. Lin)은 앞으로 인간의 삶에서 로봇은, 컴퓨터가 그런 것처럼, 어디에서나 존재하게 될 것이라고 말한다.[32] 1945년 컴퓨터 에니악(ENIAC)이 처음 만들어졌을 때, 그것은 당시 매우 획기적인 기술이었지만 현재의 컴퓨터에 비하면 그 성능이나 기능은 매우 낮은 수준이었다. 그러나 이후 기술이 발전하면서 컴퓨터는 놀라울 정도로 발전하였고, 지금은 우리의 일상에서 없어서는 안 될 존재가 되었다. 로봇 또한 마찬가지로 앞으로 과학기술이 발달함에 따라 그 성능과 기능은 예상할 수 없는 수준까지 발달할 것이다. 지금 우리의 일상에 컴퓨터, 노트북, 태블릿 PC가 늘 함께하듯, 미래에는 로봇이 인간과 함께하는 존재가 될지도 모른다. 로봇은 인간과 유사한 모습이나 감정을 표현하고, 복잡한 학습과 소통능력을 갖출 수도 있을 것이다.

그러나 중요한 것은, 아무리 발전된 기술이라도 그것이 인간다운 방식으로 활용되기 위해서는 반드시 인간의 깊은 고민과 통찰이 필요하다는 점이다. 로봇은 성찰하거나 성장할 수 없다. 하지만, 인간은 자신의 내면을 돌아보고 타인과의 관계를 통해 배우며, 경험 속에서 성장해 나가는 존재다.

과학기술이 아무리 발전하더라도 인간의 고유한 가치와 내면적 깊이를 대신할 수 있을까? 우리는 과학기술과 조화를 이루며 행복한 삶을 살아가는 동시에, 인간으로서 서로를 이해하고 공감하며 함께 성장하는 방법을 어떻게 찾아갈 수 있을까?

미주 __ Endnote

1 이 글은, 이정렬 (2024), "도덕과 교육과정 내용 요소, "인공지능 로봇과 친구가 될 수 있을까"에 대한 비판적 탐색" (초등도덕교육, 88집) 내용의 일부가 포함되어 있음을 밝힙니다.

2 이코노믹리뷰 (2017.10.27.), 인공지능 로봇 소피아, 시민권…, https://www.econovill. com/news/articleView.html?idxno=325343.

3 연합뉴스 (2018.01.30.), AI 로봇 '소피아' 어디까지 진화할까,https://www.yna.co. kr/view/AKR20180130120200017.

4 J. Danaher (2019), "The Philosophical Case for Robot Friendship", *Journal of Posthuman Studies, Vol. 3, Issue 1,* 5-24.

5 Aristoteles (Ed. I. Bywater, 1957), 천병희 역 (2013), 『니코마코스 윤리학』, 파주: 도서출판 숲, 305-308.

6 R. Dunbar, 안진이 역 (2022), 『프렌즈』, 서울: 어크로스. 29.

7 R. Dunbar, 안진이 역 (2022), 『프렌즈』, 서울: 어크로스. 35-36.

8 조흥목, 김태완, 박태근 (2010), "사용자의 감성에 동조화된 로봇의 감정 표현 디자인 및 구현", 『디지털디자인학연구』 제10권 제4호, 한국디지털디자인협의회, 513-522; R. Murphy, T. Nomura, A. Billard & J. L. Burke (2010), "Human-Robot Interaction," *IEEE Robotics & Automation Magazine, Vol. 17, Issue. 2,* 85-89; N. C. Krämer et al. (2012), "Human-Agent and Human-Robot Interaction Theory: Similarities to and Differences from Human-Human Interaction," *Studies in Computational Intelligence, 396,* 215-240; M. A. Goodrich & A. C. Schultz (2007), "Human-Robot Interaction: A Survey", *Foundations and Trends in Human-Computer Interaction, Vol. 1, No. 3,* 203-275.

9 M. Mori (1970), "The Uncanny Valley," *Energy, 7,* 33-35.

10 K. Gray & D. M. Wegner (2012), "Feeling Robots and Human Zombies: Mind Perception and the Uncanny Valley," *Cognition,* 125, 125-130.; Neuroscience (2020. 09. 10), Why Human-Like Robots Elicit Uncanny Feelings, https://neuro sciencenews.com/human-robot-uncanny-valley-17003/; J. Yin et al., (2023), "More than Appearance: The Uncanny Valley Effect Changes with a Robot's Mental Capacity," *Current Psychology, Vol. 42,* 9867-9878.

11 S. Turkle, 이은주 역 (2012), 『외로워지는 사람들: 테크놀로지가 인간관계를 조정한다』, 서울: 청림. 57.

12 O. Barber, E. Somogyi, A. E. McBride, & L. Proops (2021), "Children's Evaluations of a Therapy Dog and Biomimetic Robot: Influences of Animistic Beliefs and Social Interaction," *International Journal of Social Robotics, Vol. 13,* 1411-1425.

13 L. Pu, W. Moyle, C. Jones, & M. Todorovic (2020), "The Effect of Using PARO

for People Living With Dementia and Chronic Pain: A Pilot Randomized Controlled Trial," *Journal of the American Medical Directors Association, Vol. 21, Issue 8,* 1079–1085.; S. Petersen, et. al., (2017), "The Utilization of Robotic Pets in Dementia Car," *Journal of Alzheimer's Disease,* 55, 569–574; H. Robinson, B. MacDonald, N. Kerse, & E. Broadbent (2013), "The Psychosocial Effects of a Companion Robot: A Randomized Controlled Trial," *Journal of the American Medical Directors Association, Vol. 14, Issue 9,* 661–667.

14 S. Turkle, W. Taggart, C. D. Kidd, & O. Daste (2006), "Relational Artifacts with Children and Elders: The Complexities of Cybercompanionship," *Connection Science, Vol. 18,* 347–361.

15 Tony J. Prescott, & J. M. Robillard (2021), "Are Friends Electric? The Benefits and Risks of Human–Robot Relationship," *iScience, 24,* 1–14.

16 S. Turkle, W. Taggart, C. D. Kidd & O. Daste, 2006, 347–361; S. Turkle, 이은주 역 (2012), 『외로워지는 사람들: 테크놀로지가 인간관계를 조정한다』, 서울: 청림, 21–37.

17 S. Turkle, 황소연 역 (2018), 『대화를 잃어버린 사람들』, 서울: 민음사, 52.

18 S. Turkle, Connected, but alone?, https://www.youtube.com/watch?v=rv0g8Tsn A6c.

19 J. P. Sartre, 지영래 역 (2013), 『닫힌 방』, 서울: 민음사, 82.

20 R. Waldinger, What makes a good life? Lessons from the longest study on happiness, https://www.ted.com/talks/robert_waldinger_what_makes_a_good_life_lessons_from_the_longest_study_on_happiness/comments.

21 M. Buber, 김천배 역 (2000), 『나와 너』, 서울: 대한기독교서회, 15–19.

22 M. Buber, 김천배 역 (2000), 『나와 너』, 서울: 대한기독교서회, 16–28.

23 M. Buber, 김천배 역 (2000), 『나와 너』, 서울: 대한기독교서회, 62.

24 M. Buber, 김천배 역 (2000), 『나와 너』, 서울: 대한기독교서회, 30.

25 A. de Saint–Exupéry, 전성자 역 (1993), 『어린왕자』, 서울: 문예출판사, 67–74.

26 M. Buber, 남정길 역 (1979), 『사람과 사람 사이』, 서울: 전망사, 36–44; 강선보 (2003), 『만남의 교육철학』, 서울: 원미사, 125.

27 M. Buber, 남정길 역 (1979), 『사람과 사람 사이』, 서울: 전망사, 36–44.

28 S. Turkle, 황소연 역 (2018), 『대화를 잃어버린 사람들』, 서울: 민음사, 98.

29 Z. Bauman, 오윤성 역 (2019), 『고독을 잃어버린 시간』, 파주: 동녘, 21.

30 S. Turkle, 황소연 역 (2018), 『대화를 잃어버린 사람들』, 서울: 민음사, 71.

31 Z. Seager, 박산호 역 (2022), 『어떤 고독은 외롭지 않다』, 서울: 인플루엔셜, 271–278.

32 P. Lin (2012), "Introduction to Robot Ethics," In P. Lin, K. Abney & G. A. Bekey, Eds., *Robot Ethics: The Ethical and Social Implications of Robotics,* MIT Press, 3–15.

4

죽음을 마주할 때 비로소 보이는 것들[1]

현존재에게 죽음이라는 것은 태어날 때부터 이미 붙어있다고 보아야 할 것이다.
자신의 '죽음을 향한 존재(Sein zum Tode)'로서 현존재는,
그가 그의 생명을 마치는 순간에 도달하지 않는 한
죽고 있으며 그것도 끊임없이 죽고 있다.

- 하이데거(M. Heidegger), 《존재와 시간》 -

01   죽음은 삶의 최고의 발명품

잡스(S. Jobs)는 스탠포드 대학 졸업 연설에서, "죽음은 삶의 유일한 최고 발명품"이라고 말했다. 사실, 이 말은 언뜻 보면 틀린 말 같지만 다른 관점에서 보면 맞는 말일 수도 있다. 죽음은 누가 만들어내지 않아도 언젠가는 우리에게 닥쳐올 '운명' 같은 것이기에 '죽음'을 '발명품'이라고 표현하는 것이 틀린 말일 수 있다. 하지만, '삶'이란 것이 없다면 '죽음'도 없을 것이기에 죽음은 삶이 만들어낸 발명품이라고 말하는 것이 적절한 표현이 될 수도 있을 것이다.

잡스는 죽음 앞에서는 진실로 중요한 것만 남긴 채 사라져 버리고 만다고 말한다. 죽음 앞에서 우리는 자신의 삶을 진실하게 되돌아 볼 수 있게 되고 정말 소중한 것들을 떠올릴 수 있다. 그런 의미에서 잡스는 죽음을 '삶을 변화시키는 대리인'이라고 불렀다. 그렇다면, 죽음은 어떻게 우리의 삶을 변화시킬 수 있는 것일까?

죽음에 관한 메시지는 어떻게 죽을 것인가의 문제가 아니라 어떻게 살아갈 것인가의 문제로 다가온다. 죽음이란 무엇일까? 죽음은 우리에게 어떤 의미가 있는 것일까? 철학자 야스퍼스(K. Jaspers)에 의하면 인간은 '상황 내의 존재'이다. 그 상황들은 따로따로 나타나지만, 그것들은 서로 관련되어 있다.[2] 그런데 야스퍼스에 의하면 죽음은 인간존재의 '한계상황'이다. 인간이면 겪을 수밖에 없고 변경할 수도 없고 피할 수도 없는 상황을 야스퍼스는 '한계상황'이라고 부른다. 야스퍼스는 고통, 투쟁, 죄책, 죽음을 '한계상황(Grenzsituationen)'이라 일컫는다. 이러한 한계상황은 설명할 수도 없고 이해할 수도 없는 상황이다.[3]

> 한계상황은 변하지 않고 단지 그 나타나는 현상만 달라질 뿐이
> 다. (…) 우리는 현존 안에서는 한계상황 뒤에 있는 다른 아무
> 것도 더 이상 볼 수 없다. 한계상황은 우리가 거기에 부딪치고
> 난파하는 하나의 벽과 같다. 한계상황은 우리가 변화시킬 수 있
> 는 것이 아니다. (…) 한계상황은 현존 그 자체와 함께 있다.[4]

한계상황은 우리가 마주하게 되는 일종의 '벽'과 같은 것이다. 이 벽은 우리의 힘이나 능력으로는 넘을 수 없는 상황을 말하며, 인간의 한계를 깨닫게 만든다. 철학자 야스퍼스는 사람들이 이런 한계상황에 부딪혀 좌절하고 절망할 때, 비로소 진정한 자신을 깨닫게 된다고 설명한다.

인간은 살아가면서 신체적, 정신적 고통을 겪고, 내면적 갈등이나 외부와의 충돌을 경험한다. 이런 과정에서 자신의 불완전함을 깨닫고, 도덕적 잘못으로 인한 죄책감에 시달리기도 한다. 그리고 결국엔 죽음이라는 가장 근본적인 한계에 직면하면서, 삶의 의미에 대해 깊이 성찰하게 된다.

이 세상의 모든 생물은 죽음을 피할 수 없다. 그렇다면 모든 생물은 한계상황을 경험하게 되는 것일까? 야스퍼스에 의하면, 죽음에 대해 알지 못하는 동·식물에게는 한계상황이 있을 수 없다. 또한, 인간이라 하더라도 죽음을 단지 피해야 할 염려나 불안으로만 느끼고 죽음을 통해 어떠한 것도 깨닫지 못한다면 그 사람에게 죽음은 한계상황이 될 수 없다. 그리고 "인간은 누구나 죽는다."는 객관적 사실로만 죽음을 받아들인다면 그것 또한 한계상황으로 다가오지 않을 것이다.[5] 객관적 사실로서의 죽음이 아닌 '나의 것'으로 죽음을 받아들일 때 죽음은 한계상황이 된다.[6] 즉, 한계상황으로

서의 죽음은 현존재 자신의 삶을 돌아보게 만들고 삶의 의미를 더 깊게 만든다.

한편, 야스퍼스는 '가까운 사람의 죽음'이라는 이름으로 '죽음'에 대해 말한다. 야스퍼스는 자신의 죽음이 아닌 가까운 사람, 즉 나와 가까이 지내 온 사랑하는 사람의 죽음 또한 그것을 어떻게 받아들이느냐에 따라 한계상황이 될 수 있다고 주장한다.

사랑하는 사람의 죽음은 우리 삶에서 극복할 수 없는 충격과 상처를 준다. 하지만 그러한 상황은 우리가 통제할 수 없는 상황이다. 사랑하는 사람을 보내면서 홀로 남겨진 우리는 인간의 유한성과 한계를 깊이 느끼게 된다. 죽음은 영원한 종말이기에 가까운 사람의 죽음 앞에서 그를 위해 아무것도 할 수 없다는 절망감과 단절감을 느낀다. 사랑하는 사람이나 나를 진심으로 아껴주던 사람이 세상을 떠나면, 그에게 어떤 말도 전할 수 없고, 사랑과 존경의 마음을 표현할 수도 없어 아쉬움과 깊은 그리움만이 남게 된다.

그런데, 이웃의 죽음은 단순한 상실 이상의 의미를 지닌다. 우리가 잘 알고 사랑하던 이웃의 죽음은 삶의 유한성과 죽음의 필연성을 직접적으로 체감하게 하는 사건으로 인간 존재의 본질과 삶의 의미를 성찰할 수 있는 계기를 제공한다.

야스퍼스는 "진정으로 사랑하는 사람은 실존적 현전으로 우리에게 남는다."고 말한다. 죽음은 현상 자체를 파괴할 수 있을지 몰라도 가까운 사람의 존재와 그가 남긴 삶의 의미들은 우리에게 남아 있다. "죽음에 의해 파괴되는 것은 현상이지 존재 자체는 아니기" 때문이다.7 영국의 시인 캠벨(T. Campbell)은 〈성스러운 땅(Hallowed Ground)〉이라는 시에서 "그들의 영혼은 우리 안에 존재한다. 우리의 일부로서 (…) 남겨진 사람들 마음속에 살아 있다면 죽은 게 아니다."라고 노래하며, 죽음 이후에도 인간 존재의 의미가 지속됨을 표현했다. 한계상황은 인간이 피할 수 없는 한계만을 나타내는 것이 아니라, 그 한계 속에서 삶의 진정한 의미를 깨닫게 됨을 강조한다. 이러한 한계상황 속에서 우리는 자신의 유한성을 자각하고, 그 한계 안에서 어떻게 의미 있게 살아갈 것인가에 대해 깊이 성찰하게 된다.

우리는 죽은 사람과 대화를 나눌 수 없고 따라서 죽음이 무엇인지 확실히 알기 어렵다. 하지만 인간이라면 누구나 언젠가는 자신이 죽게 된다는 사실을 인식할 수 있다. 철학자 파스칼(B. Pascal)은 《팡세(Pensées)》에서 "인간은 자연 가운데서 가장 연약한 한 개의 갈대에 불과하다. 그러나 그것은 생각하는 갈대이다. 그를 부러뜨리기 위해서 전 우주가 무장할 필요는 없다. 한 줄기의 수증기, 한 방울의 물로도 그를 죽이기에 충분하다. 그러나 우주가 그를 부러뜨릴 경우라 할지라도, 인간은 그를 죽이는 우주보다 훨씬 더 고상할 것이다. 왜냐하면, 그는 자기가 죽는다는 것과 우주가 자기보다 우월하다는 것을 알고 있기 때문이다. 우주는 그에 대해서 아무것도 알지 못한다."[8]라고 하였다. 이 세상의 생명체들은 모두 죽는다. 하지만 그 모든 생명체 중에서도 인간은 '죽음'에 대해 성찰할 수 있는 유일한 존재이다. 인간은 한 줄기 갈대보다 나약하지만 자기가 반드시 죽어야 한다는 사실을 인식하고 생각할 수 있는 존재이다. 따라서 인간은 한 줄기의 수증기, 한 방울의 물에도 죽을 수 있지만 자기가 죽는다는 사실을 알고 생각할 수 있기에 존엄한 존재가 될 수 있다. 인간의 진정한 위대함은 그 나약함 속에서도 자신의 유한함과 죽음을 인식하며 그것을 넘어 삶의 의미를 찾으려는 노력에 있는 것이다.

02 존재에 대한 물음

하이데거는, 우리가 쉽게 답할 수 있을 것 같지만, 사실은 매우 근본적이고 어려운 질문을 던진다. "나는 어떻게 존재하는가?", "존재란 무엇인가?" 이러한 질문은 단순히 철학적 호기심을 넘어, 우리 삶의 본질을 이해하는 중요한 열쇠가 된다.

하이데거는 《존재와 시간》 서론 제 1절에서 '존재에 대한 물음을 분명히 제기해야 할 필연성'을 강조하면서 "존재에 대한 물음이 오늘날 망각 속에 묻혀 버렸다."고 강하게 비판한다. 하이데거는 우리가 일상적으로 사용하는 '있다'는 표현이 얼마나 깊은 이해 없이 쓰여왔는지를 지적하면서, '존재자'와 '존재'를 구분하여 설명한다.[9] 하이데거는 여기서 '있음', 즉 존재 자체란 무엇인지에 대한 물음을 제기한다.

그렇다면 '존재자'란 무엇인가? '존재자'는 우리가 눈으로 보고, 손으로 만지는 것처럼 감각적으로 경험할 수 있는 모든 것들이다. 예를 들어, 책, 나무, 고양이, 그리고 인간도 존재자에 포함된다.

반면, '존재'는 존재자들이 '있음'의 방식을 나타낸다. 존재자들은 서로 다른 방식으로 존재한다. 예를 들어, 서랍 안에 책이 있거나, 그릇 안에 음식이 있는 것처럼, '책'이나 '음식' 등은 고정된 특정한 장소와 연관하여 어떤 다른 것 안에 "있는" 상태를 나타낸다. 하지만, 인간은 특정한 장소에 단순히 "있는" 것으로는 설명되지 않으며, 이러한 고정된 "있음"은 현존재의 존재 방식을 나타내지 못한다.[10]

그렇다면 인간은 어떻게 존재하는가? 하이데거는 인간 존재를 '세계-내-존재'(In-der-Welt-sein)'라고 정의한다. 여기서 '세계-내-존재'는 인간이 단지 물리적 공간에 '있는' 상태를 나타내는 것이 아니다. 인간은 단순히 세계에 '있는' 존재자가 아니다. 인간은 이 세계에서 타인과 관계를 맺고, 소통하며 역동적으로 상호작용하면서 존재한다. 인간은 이 세계에서 다양한 관계를 통해 의미를 형성하면서 살아가는 존재자이다.

인간에게 세계는 단순한 사물들의 집합이 아니라, 의미와 관계가 형성되는 공간이다. 우리가 사용하는 책상이나 도구 역시 단순한 물리적 대상이 아니라, 우리와의 관계 속에서 의미를 지닌다. 예를 들면, 전시장에 진열된 가방은 단지 "거기에 있는" 사물에 불과하지만, 내가 사용하는 가방은 나의 삶 속에서 특별한 의미를 지니게 된다.

또한, 인간은 타인들과의 관계 속에서 의미를 만들어가면서 살아간다. 예를 들어, 이 세상의 먼 곳에 있는 누군가는 나에게 무관한 존재일 수 있다. 하지만 그와 관계를 형성하고 소통하는 순간, 그 사람은 나의 세계 속에서 특별한 의미를 지니게 된다. 이처럼 인간은 세계-내-존재로서 각각의 독특한 의미를 만들어가면서 살아간다.

인간은 자신의 의지와 무관하게 이 세계에 던져져 존재하게 된다. 하이데거는 이를 '던져짐(Geworfenheit)'이라고 부른다. 우리는 스스로 태어날 시점이나 환경을 선택하여 이 세계에 태어난 것이 아니라 이 세계에 던져진 존재이다. 그러나 이런 주어진 조건에서도 우리는 '어떻게 살아갈 것인지'를 고민하고 스스로 선택하며 자신의 존재를 만들어 가는 것이다.

하이데거가 특히 인간의 존재 방식과 관련하여 강조하는 것은, 인간은 다른 존재자와 달리 자신이 존재하고 있다는 것을 이해하며, 자신의 존재에 대해 물음을 던질 수 있다는 점이다. 그런데 누군가가 "그러면 '존재'란 무엇인가요? 구체적으로 설명해주세요."라고 우리에게 묻는다면 대부분의 사람들은 그에 대해 명확히 설명하기 어려울 것이다. 존재는 과학적 증명이나 논리적 설명으로 이해될 수 없다. 하지만, 하이데거에 의하면 자신의 존재에 대해 물음을 던지는 행위 자체가 이미 존재에 대한 이해 속에 머물고 있음을 보여주는 것이다.[11] 동물이나 사물은 존재하고 있지만 자신의 존재를 궁금해하지 않으며 존재에 대해 질문하지도 않는다. 반면, 인간은 자신의 존재를 문제 삼을 수 있는 유일한 존재자이다.

이런 점에서, 하이데거는 인간을 다른 존재자와 구분하여 '거기(Da)' '있는(Sein)' 자, 즉 '현존재(Dasein)'라고 불렀다. 하이데거에 따르면 인간만이 '존재'에 대해 이해하고, 자신의 존재에 대해 염려하고 마음을 쓰는 존재자이다. 그리고, 하이데거는 이런 독특한 인간의 존재 방식을 '실존(Existenz)'이라고 부른다. '실존'이란, 자신의 존재를 스스로 문제 삼고, 선택과 결단을 통해 자신의 가능성을 실현하려는 태도를 가리킨다. 하이데거는 오로지 인간만이 실존하며 책상, 나무, 집과 같이 다른 사물이나 생물들은 단순히 '있는 것'이라고 하였다.[12]

결국, 인간은 이 세계에 던져진 채 살아가지만, 단순히 주어진 조건에 머무르지 않는다. 인간은 자신의 현재와 미래를 스스로 형성해 나가는 '가능성의 존재자'이다. 우리는 삶 속에서 스스로 선택하며, 그 선택을 통해 자신의 존재 방식을 만들어간다. 하이데거의 '존재에 대한 물음'은 우리가 일상적으로 간과해 온 본질적인 질문, 즉 "나는 어떻게 존재하고 있는가?"에 대해 다시금 생각하도록 이끈다. "나는 이 세계에서 어떤 관계를 맺고, 어떤 선택을 하면서 의미를 만들어가고 있을까?", "나의 선택은 어떻게 이루어진 것일까? 그 선택을 할 때, 나에게 정말 중요한 것은 무엇이었을까?"

03 내가 살아가는 삶은 나의 삶일까?

내가 살아가는 삶은 '나의 삶'일까? 이런 물음에 대해 어떤 사람들은 "그게 무슨 질문이야?", "당연히 네 삶이지, 너 말고 누가 있는데!", "네가 살아가는 삶이 너의 삶이 아니면 누구 삶이겠어?"라고 답할 수 있을 것이다. 그런데 살아가다 보면 내가 사는 삶이 내 것 같지 않게 느껴질 때가 있다. 내가 살아가는 삶인데 왜 나의 삶이 아닌 것처럼 느껴지는 것일까?

이러한 물음들은 우리가 단순히 하루하루를 살아간다는 것만으로는 자신의 존재를 온전히 설명할 수 없음을 보여준다. 하이데거는 현존재의 존재 방식을 '비본래적 존재 방식'과 '본래적 존재 방식'으로 설명한다. 하이데거는 현존재가 어떠한 방식으로 살아가느냐에 따라 한 번뿐인 삶을 본래적 방식으로 살아갈 수도 있고 비본래적 방식으로 살아갈 수도 있다고 말한다.[13] 그렇다면 비본래적 방식은 어떤 것이고 본래적 방식은 어떤 것일까?

비본래적인 삶이란, 나 자신이 아니라 세상 사람들의 관점과 기준에 따라 살아가는 것을 말한다. 즉, 비본래적인 삶은 타인의 기대와 사회적 규범에 얽매여 자신이 주체적으로 선택하거나 결단하지 못한 상태를 의미한다. 하이데거는 이것을 '평균적인 존재 방식'이라고 표현하는데, 이것은 특정한 업적이나 성취를 이루지 못했다는 의미도 아니며 "'모자라는' 존재나 '낮은 차원의' 존재 등급을 의미하는 것이 아니다."14 비본래적 삶의 방식이란 자신만의 고유한 삶을 살지 못하고 대중 속에 묻혀 살아간다는 것을 의미한다. 하이데거는 이러한 삶을 살아가는 사람들을 '세상 사람(das Man)'이라고 부르면서 이를 '잡담', '호기심', '애매성'이라는 세 가지 특징으로 설명한다.

잡담은 '그저 남들이 말하는 대로 말하는 것'에서 시작된다. 사람들은 피상적으로 이해한 말들을 퍼뜨리고 이러한 말들이 점차 사회적 권위를 얻게 된다. 즉, '사실이 이렇다. 사람들이 그렇게 말했으니까'라는 식의 이야기가 권위를 얻어 점점 더 확산되며 사람들에게 무비판적으로 받아들여진다. 이렇게 반복적으로 퍼뜨려진 말들이 잡담을 구성한다.15 하이데거에 의하면, 잡담은 "뿌리 뽑힌 현존재 이해의 존재 양식"이다.16

호기심은 단순히 새로운 것에 끌려 분주히 움직이는 태도를 뜻한다. 이러한 호기심은 본질적인 질문과 탐구에서 우리를 멀어지게 만든다. 즉, 호기심은 진리에 대한 깊이 있는 탐구나 숙고가 아니라, 단순히 새로운 것에 끌려 분주하게 뛰어드는 모습으로 나타난다. 하이데거는 호기심을 "진리 속에 존재하는 것이 아니라 자기를 세계에 맡겨버린다"고 표현한다. 호기심에 의해 살아가는 삶은 겉으로 드러난 것에만 관심을 두며, 깊이 있는 탐구나 성찰과는 거리가 멀다. 이와 달리, 경이로움(Thaumazein)은 존재에 대한 감탄과 깊은 고찰을 동반한다. 경이로움은 사물의 본질에 다가가려는 태도를 의미하지만, 호기심은 단순히 새로운 것을 좇으며 분주히 움직이는 데 그친다.

애매성은 일상적인 삶에서 타인이나 사물을 피상적으로 이해하면서도, 마치 깊이 이해한 것처럼 착각하는 현상이다. 이러한 모습은 우리 일상에서 쉽게 찾아볼 수 있다. 사람들은 깊이 있는 사고나 성찰 없이도 다른 사람의 의견이나 판단을 쉽게 받아들이고, 나아가 그것이 진실인 양 행동하는 경우가 많다. 이러한 애매성은 우리를 진정한 자기 성찰과 깊이 있는 이해로부터 멀어지게 한다. 우리는 다른 사람들의 말이나 일반적인 사회적 통념을 피상적으로 받아들이면서도 그것이 옳고 진실한 것이라 믿는 착각에 빠지게 되는 것이다.

그렇다면, 잡담, 호기심, 애매성이라는 비본래적 삶이 왜 문제되는 것일까? 하이데거는 비본래적 삶을 빠져있음(퇴락 Verfallen)이라고 부르는데, 여기서 빠져있음(퇴락)으로서의 삶은 도덕적인 의미의 타락이 아니라 주체적으로 살아가지 않고 대중의 관점에 자신을 내맡기는 삶을 말한다.17 예를 들면, 우리는 떠도는 소문이나 상투적인 말에 대해 깊이 고민하거나 이해하지 않고 이를 무비판적으로 추종하거나 혹은 배척하는 태도를 취하는 경우가 있다. 그리고 SNS나 광고에서 흥미로운 기사나 상품에 이끌려 외부 자극에 자신을 맡기는 삶을 살아가기도 한다. 더 나아가 자신의 선택과 행동에 대해 진지한 성찰 없이 피상적인 말로 책임을 회피하며 살아가는 모습도 발견된다. 이러한 비본래적 존재 방식을 통해 사람들은 자신의 선택과 책임을 회피하면서 살아간다. 이러한 삶 속에는 자신의 존재에 대한 물음과 성찰이 존재하지 않으며 자신의 삶을 주체적으로 살아가는 모습을 찾아보기 어렵다.

우리는 세상에 태어나 살아가며 다른 사람의 삶이 아닌 '나의 삶'을 살고 싶어한다. '나의 삶'을 살아간다는 것은 단순히 자신의 독단적 판단만을 따르며 살아가는 것도 아니며, 타인과 완전히 단절된 채 고립되어 살아가는 것도 아니다. 인간은 본질적으로 타인과 관계를 맺으며 살아가는 존재이며, 그 과정에서 다양한 기대와 요구에 직면한다. 살아가는 동안 우리는 종종 다른 사람의 기대와 관점에 이끌려, 깊이 있는 사유 없이 그들의 기준으로 나의 삶을 채우는 자신을 발견하곤 한다. 매일 반복되는 일상 속에서 무의식적으로 흘러가는 시간과 피상적인 관계 속에서 우리는 점차 '나의 삶'을 만들어 가려는 노력을 잊어버리게 된다. 그렇다면, 매일 반복되는 시간 속에서 우리의 삶을 어떻게 의미 있게 만들어 나갈 수 있을까? 의미 있는 삶을 살아가기 위해 우리에게는 어떤 계기가 필요한 것일까?

04 존재와 죽음, 어떤 관련이 있을까?

갓 태어났을 때 우리는 어떤 모습이었을까? 분명 사랑스러운 그 아이는 자신의 의지로 거의 움직일 수 없을 뿐만 아니라 인간답게 사고하는 능력을 갖추지도 못했을 것이다. 그 아이는 점점 자라면서 주변 사람들로부터 많은 것을 배우고 스스로 깨달아가면서 성장해 나간다. 하지만 시간이 흐른다고 해서 인간이 저절로 인격적으로 성숙해지는 것은 아니다. 즉 우리가 몇 년을 살았는지를 통해 그 사람의 인격을 가늠할 수 있는 것은 아니다. 이것은 일반적으로 시간이 갈수록 과일이 성숙해가는[익어가는] 과일나무의 특성과 다르다. 열매는 설익음에서 점점 익어가면서 마침내 익은 열매로 완성되고 결실을 맺는다. 하지만 이와 대조적으로 인간의 끝남이 필연적으로 인격적 완성을 의미하는 것은 아니다.[18]

따라서, 현존재는 인격적으로 성장할 수 있는 계기와 노력이 필요하다. 그렇다면 현존재는 어떻게 인격적 성장을 위한 계기를 만날 수 있을까? 우리는 살아가면서 수많은 사람을 만나고 그들과 관계를 맺으면서 자신을 돌아볼 기회를 갖게 된다. 또한 삶 속에서 다양한 경험을 통해 삶에 대한 통찰을 얻기도 한다. 그런데, 하이데거는 자신의 삶을 돌아보고 인격적 성장을 할 수 있는 계기를 말하면서, 현존재가 자신의 죽음을 미리 생각해 볼 수 있다는 점에 주목한다.[19]

그렇다면 나의 죽음을 미리 생각한다는 것은 무엇을 말하는 것일까? 하이데거는 다른 존재자들의 죽음과 현존재의 죽음의 차이점을 설명하면서 죽음의 유형을 세 가지로 제시한다. 죽음은 '끝나버림(Verenden)', '삶을 다함(Ableben)', 그리고 '사망(Sterben)'으로 구분된다.[20]

첫째, 동물과 같은 생명체의 죽음, 즉 생리적 현상이 멈추어버린 '끝나버림(Verenden)'으로서 죽음이다. 예를 들어, 반려동물이 나이가 들어 죽게 되는 경우처럼, 이는 생명체로서의 생리적 죽음을 의미한다. 둘째, 현존재의 생명이 다하는 '삶을 다함(Ableben)'으로서 죽음이다. 이는 단순히 생명체의 죽음을 의미하는 것이 아니라 인간의 삶의 맥락에서 맞이하는 현존재의 죽음을 의미한다. 예를 들어, 나이가 들어 자연스럽게 생을 마감하거나, 병에 걸려 투병 끝에 죽음을 맞이하는 경우를 들 수 있다. 하이데거는 이 두 가지 죽음과는 다른 현존재의 '실존적 죽음'이 있다고 말한다. 즉, 셋째 현존재가 스스로 맞이하는 '사망(Sterben)'으로서 죽음이다. '사망'은, 불가피한 가능성으로서 죽음, 즉 우리가 언젠가 반드시 죽게 된다는 사실로서의 죽음을 미리 자각하고 직면하는 것을 말한다. 이처럼 '죽음을 향한' 존재 방식으로서의 '사망'을 통해 우리는 자신의 존재를 성찰하게 된다.[21]

그렇다면 '사망'으로서의 죽음은 다른 죽음과 어떤 차이가 있는 것일까? '사망'으로서의 죽음은 오직 현존재에게만 가능하다.[22] '사망'은 현존재가 피할 수 없는 궁극적 가능성으로서 '자신의 죽음'을 미리 생각하고 맞게 되는 '실존적 죽음'을 말한다. 즉, 실존적 죽음은 자연적·생물학적 죽음을 의미하는 것이 아니라, '나의 죽음'이라는 궁극적 가능성을 미리 앞당겨 능동적으로 맞이하는 주체적 죽음을 말한다. 하이데거는 '사망'을 통해 현존재가 '미래적 계기'를 가지게 된다고 설명한다. 현존재는 단순히 현재에 머물러 있는 것이 아니라, 언제나 미래의 가능성을 향해 열려 있는 존재이다. 즉 현존재의 시간성은 항상 미래를 향해 존재한다. 현존재는 실존적 죽음에 직면함으로써, 자신의 미래를 어떻게 만들어나갈 것인지 숙고하게 된다.

하이데거는 현존재의 죽음을 단순히 생물학적 종말로 보지 않는다. 죽음이라는 가장 고유한 가능성이 언제나 현존재의 실존을 함께 구성하고 있다.[23]

현존재에게 죽음이라는 것은 태어날 때부터 이미 붙어있다고
보아야 할 것이다. 자신의 '죽음을 향한 존재(Sein zum Tode)'

로서 현존재는, 그가 그의 생명을 마치는 순간에 도달하지 않는 한 죽고 있으며 그것도 끊임없이 죽고 있다.[24]

"사람들은 언젠가 죽는 거지."라는 피상적인 생각이 아니라 "나는 언젠가 죽는데 나의 삶을 어떻게 살아야 할까?"라는 물음을 통해 우리는 자신의 삶에 대해 진지하게 성찰하게 된다. 죽음은 현존재가 자신의 유한성을 자각하게 하는 본질적인 사건이다. 아직 오지 않았지만 언젠가 필연적으로 다가올 나의 죽음을 미리 생각해보는 것은 자신의 존재를 전체적으로 돌아보게 되는 계기를 제공한다. "죽음을 마주할 때 나는 어떤 생각을 떠올리게 될까?", "죽음으로 미리 달려가 바라본 나의 삶 속에서 나는 어떤 의미를 발견할 수 있을까?"

05 존재와 시간성

'나의 죽음' 앞으로 달려간다면 현존재는 무엇을 느끼게 될까? 어떤 생각을 하게 될까? 분명한 것은 자기 자신이 무한히 존재할 수 없다는 사실을 깨닫게 된다는 것이다. 자기 자신이 언제 죽게 될지 불분명하지만, 언젠가 죽게 된다는 사실은 너무나 분명한 필연적인 사실이다. 현존재는 자신의 죽음 앞으로 달려가 실존적 죽음을 맞이함으로써 자신에게 주어진 유한한 '시간성(Temporalität)'의 의미를 깨닫게 된다.

현존재는 늘 시간 속에서 존재한다. 그런데, 하이데거는 현존재의 존재 방식을 설명하기 위해 '시간성'이라는 개념을 제시한다.

'시간성'은 '시간'이라는 개념과 같은 의미일까? '시간성'은 현존재에게 어떤 의미가 있는 것일까?

첫째, 시간성은 과거, 현재, 미래를 통해 드러나는 현존재의 실존적 존재 방식을 드러낸다. 하이데거는 시간을 단순히 분리된 과거-현재-미래가 직선적으로 나열된 연속으로 보지 않고, 이 세 차원이 서로 긴밀히 연관되고 통합된 구조로 현존재의 삶 속에서 드러난다고 보았다.

현존재는 과거의 경험과 기억을 통해 현재를 이해하며, 이를 바탕으로 미래의 가능성을 향해 나아가는 존재이다. 중요한 점은 과거가 단순히 지나간 시간이 아니라, 현재에 영향을 미치는 기억과 경험의 총체라는 점이다. 과거는 현존재가 현재를 해석하고 행동할 수 있는 토대를 제공한다. 마찬가지로, 미래는 단순히 다가오는 시간이 아니라, 현존재가 열어가야 할 가능성의 지평을 의미한다. 미래는 현재와 단절된 객관적 시간이 아니라, 현존재가 자신의 존재를 실현하기 위해 능동적으로 나아가는 방향성을 드러낸다. 예를 들어, 한 사람이 자신의 삶에서 중요한 결정을 내려야 한다고 가정해보자. 그 결정이 자신의 진로 선택일 수도 있고, 새로운 관계를 맺는 결정일 수도 있다. 이때, 그는 과거 자신의 경험에서 실수와 성공을 반추하며, 어떤 선택을 내릴지 고민할 것이다. 또한, 그는 미래에 자신이 이루고자 하는 삶의 목표를 내다보며, 그 가능성을 실현하기 위한 선택을 하고자 노력할 것이다.

이처럼 시간성 속에서 미래는 단순히 기다리는 시간이 아니라, 현재의 선택과 실천에 의해 형성되는 지평이 된다. 하이데거에게 미래는 단순히 언젠가 도래할 객관적 시간이 아니라, 현존재가 자신의 존재를 실현하기 위해 능동적으로 나아가는 방향을 나타낸다.

둘째, 시간성은 현존재가 자신의 존재를 이해하고 형성하는 주관성과 개별성을 드러낸다. 하이데거에 따르면, 현존재는 항상 시간 속에서 자신의 존재를 드러내며, 각자의 삶의 방식에 따라 고유한 시간성을 형성한다. 물리적 시간은 시계로 측정할 수 있는 객관적이고 균질적인 시간이며, 모든 사람에게 동일하게 적용된다. 하지만 시간성은 단순히 물리적 시간의 흐름이 아니라, 현존재가 시간 속에서 자신의 존재를 경험하고 형성하는 방식을 나타낸다. 즉, 시간성은 현존재가 시간을 살아가며 세계와 관계를 맺고, 선택과 행동을 통해 자신의 삶을 형성하는 실존적 경험을 반영한다.

예를 들어, 김철수와 박민수가 각각 50년의 삶을 살아간다고 가정해보자. 객관적으로 두 사람은 동일한 50년이라는 물리적 시간을 살아가는 것처럼 보이지만, 그들이 무엇에 마음을 쓰고 어떤 선택을 하며 살아가는지에 따라 이 50년의 시간은 전혀 다른 시간성의 의미를 지닌다. 김철수가 끊임없이 더 많은 것을 얻기 위해 경쟁하며 보낸 50년의 시간과 박민수가 타인을 돌보며 함께 살아온 50년의 시간은, 객관적으로는 같은 시간이지만, 그 시간성이 지닌 의미는 서로 다를 것이다. 현존재는 시간 속에서 자신의 고유한 의미를 지닌 시간성을 만들어가며 그것은 삶의 깊이와 울림을 지닌 고유한 의미를 지니게 된다.

셋째, 현존재는 탄생과 죽음이라는 시작과 끝의 시간 내에서 존재하며, 그 시간성은 단순한 연속적 흐름이 아니라 유한성과 일회성을 통해 실존적으로 드러난다. '죽음을 향한 존재(Sein-zum-Tode)'로서 현존재는 이러한 유한성과 일회성이라는 시간성을 성찰함으로써 자신만의 독특한 존재를 구성해 나간다.

죽음은 단순히 생물학적 종말이 아니라, 현존재가 자신의 삶을 실존적으로 이해하고 선택할 수 있도록 만드는 궁극적 가능성이다. 현존재는 죽음을 언제 도래할지 알 수 없는 확실한 가능성으로 직시하고 성찰함으로써, 자신의 시간성이 유한하다는 사실과 한 번 지나간 시간은 되돌릴 수 없다는 일회성을 자각하게 된다.[25] 이러한 자각은 현존재가 자신의 시간을 더 의미 있고 능동적으로 구성할 수 있는 계기를 제공한다.

06 죽을 때 이런 후회는 하고 싶지 않아요

나의 삶을 살아가려면 먼저 '나의 죽음'으로 앞질러 미리 달려갈 수 있는 용기가 필요하다. 그런데, 비본래적 삶에서 세상 사람들은 죽음에 대해서도 그저 피상적으로 생각하면서 '나의 삶'을 직면하지 않는다. "사람은 태어나서 결국 다 죽는 거지!" 하지만 그것이 자신에게는 해당된다고 여기지 않으며 단지 남의 일일 뿐이라고 생각한다.[26] 즉, "'모두 다'이기는 하지만 나는 아니야"라는 심리가 작용하는 것이다.[27] 하이데거에 의하면 "우리는 대개 회피하려는 방식으로 죽음을 알고" 있다.[28] 하이데거는 다음과 같이 말한다.

> 죽음을 은폐하면서 회피하는 태도가 워낙 질기게 일상성을 지배하고 있어서, 서로 함께 있으면서 '가장 가까운 사람들'이 '죽어가고 있는 사람'에게 종종 이렇게 꾸며댄다: 당신은 이제 금세 괜찮아져 다시 당신의 잘 배려된 세계의 안정된 일상으로

되돌아갈 것이다. 그런 식으로서의 '심려'는 심지어 그렇게 말함으로써 '죽어가고 있는 사람'을 '위로 한다'고 생각한다. '그들'은 이런 식으로 죽음에 대한 부단한 안정감을 배려해준다. 그러나 이 안정감은 근본적으로는 '죽어가고 있는 사람'에게만 해당되는 것이 아니라, 똑같이 마찬가지로 '위로하는 사람'에게도 해당된다.[29]

비본래적 삶 속에서 우리는 죽음을 자신과는 상관없는 보편적인 사건으로 평준화하면서 이를 회피하는 방식으로 받아들이게 된다. 따라서 비본래적 존재에서 죽음은 '나의 죽음'으로 다가오지 않으며 '나의 삶'에 대해 진정으로 성찰할 기회를 제공하지도 않는다.

그렇다면, '나의 죽음'을 향해 미리 달려가 보면 어떤 생각이 들까? 어떤 감정을 느끼게 될까? 나의 삶을 어떻게 보게 될까?

호스피스 전문의인 오츠 슈이치(大津秀一)는 《죽을 때 후회하는 스물 다섯 가지》라는 책에서 "인간은 후회를 먹고 사는 동물"이라고 말한다.[30] 슈이치는 말기 암 환자의 고통을 덜어주는 완화 의료 전문의이다. 그는 죽음을 앞둔 환자의 신체적 고통은 어느 정도 줄여줄 수 있지만, 마음에서 오는 아픔은 달래주기 어려워 환자가 하는 말을 묵묵히 들어주는 수밖에 없다고 말한다. 많은 죽음을 지켜본 슈이치는 죽음을 앞둔 사람들이 후회하는 것들을 제시한다. 죽음을 앞둔 사람들은 무엇을 후회하게 될까? 죽음을 앞둔 사람들이 후회하는 것은 그리 거창한 것이 아니다. 그들은 '돈을 10억 정도 벌어 저축했더라면'이라고 후회하지 않는다. 또 그들은 '최고의 자리에서 권력을 잡았더라면'이라고 후회하지도 않는다. 그렇다면 사람들은 죽을 때 어떤 후회를 하는 것일까?

'사랑하는 사람에게 고맙다는 말을 많이 했더라면'

'나의 몸을 더 배려하고 건강을 더 돌봤더라면'

'나의 감정을 더 잘 표현했더라면'

'망설이지 말고 도전했더라면'

'진짜 하고 싶은 일을 했더라면'

'조금만 더 겸손했더라면'

'친절을 베풀었더라면'

'나쁜 짓을 하지 않았더라면'

'진정으로 사과를 할 수 있는 용기를 발휘했더라면'

'꿈을 꾸고 그 꿈을 이루려고 노력했더라면'

'감정에 휘둘리지 않았더라면'

'기억에 남는 연애를 했더라면' 등등

자, 지금 '나의' 죽음을 미리 인식하고, 그 죽음에 스스로 직면해 보자. "죽음 앞에서 나는 어떤 후회를 남기고 싶지 않은가?", "나는 지금 나의 삶을 어떻게 만들어가고 싶은가?", "내가 진정으로 소중하게 여기는 가치는 무엇인가? 그것은 나의 삶에서 왜 소중한 것일까?"

07 불안, 나를 깨우는 존재의 울림

나의 삶을 살아가기 위해서는 '나의 선택'과 '나의 결단'이 필요하다. 우리는 외부의 강요에 의해 살아가는 삶을 원하지 않지만 때로는 스스로 선택하는 것이 부담스럽게 느껴지기도 한다. 하이데거는 이런 선택과 결단 앞에서 느끼는 '불안'을 현존재의 본질적 상황, 즉 현존재에게 "탁월한 처해있음"이라고 말한다.[31] 불안은 단순히 공포나 두려움 같은 감정이 아니다. 오히려 불안은 현존재가 본래적으로 존재하기 위해 반드시 직면해야 하는 상태로, 인간 존재의 본질에 속하는 것이다. 하이데거는 불안이 인간 존재의 근본적인 기분이며, 현존재에게 반드시 필요한 것이며 탁월할 정도의 상황이라고 강조한다. 불안은 우리의 삶 속에 늘 깃들어 있다.[32]

이 말은 처음에는 낯설게 들릴 수 있다. 그리고, 당신은 이런 생각을 떠올릴 수도 있을 것 같다. "아니, 불안이 탁월한 상황이라니!", "현존재에게 반드시 불안이 필요하다니!"

다른 사람이나 외부 환경에 맡겨진 삶에서는 불안에 직면하려는 용기를 발휘하기 어렵다. 환경에 수동적으로 반응하고 다른 사람의 선택에 따라 살아가는 삶에는 불안이라는 감정이 깃들 여지가 없다. 하이데거는 "비본래적 삶 속에서는 불안에 대한 용기가 피어오르지 못한다."고 말한다.[33] 즉, 현존재가 실존하지 않는다면 불안해할 필요 없이 그저 세상에 떠맡긴 삶을 살아가면 될 것이다.

삶의 순간에서 스스로 선택하는 자유를 가진 인간만이 진정한 불안을 느낄 수 있다. 그것은 길거리에서 강도를 만났을 때 느끼는 공포와는 확실히 다른 것이다. 이런 의미에서 실존주의 철학자 키르케고르(S. Kierkeggard)는 "불안을 올바르게 배운 사람은 최고의 것을 배운 사람이다. (…) 인간이 동물이나 천사였다면 불안을 느낄 일도 없을 것이다."라고 말한다.[34] 주체적 삶에는 반드시 불안이 따르게 마련이다. 현존재가 실존하려면 '불안'을 감수할 수 있는 용기가 있어야 하며, 잠자고 있던 '불안'을 일깨울 필요가 있다.

그런데, 현존재의 불안을 일깨우고 절실하게 드러나게 해주는 것이 바로 '나의 죽음'에 대한 인식이다. "아, 나도 언젠가는 죽음을 맞게 되는구나.", "한 번밖에 없는 삶을 어떻게 살아야 하는 것일까?" 죽음을 인식하는 순간, 우리는 자신의 유한성을 자각한다. 이는 단순히 죽음에 대한 두려움이 아니라, 내가 어떻게 살아야 하는지에 대한 가장 근본적인 물음을 던지게 한다. 죽음을 앞둔 우리는 '무(無)'를 실감하게 되고, 그 속에서 삶의 본질과 의미를 고민하게 된다. 하이데거는 이러한 '무(無)'를 진정한 자유와 자기 자신으로 존재할 가능성을 발견하는 중요한 계기로 본다. 그는 "죽음을 향해 앞서감은 모든 것을 무(無)로 만들어 버린다.", "무의 근원적인 드러남이 없이는 자기 자신으로 존재함도, 자유도 없다."[35]고 말하면서, '죽음을 향해 앞서감'을 통해 인간이 자신의 유한성을 자각하고, 이를 통해 무와 마주하게 된다고 말한다.

여기서 우리는 죽음 앞에서 느끼는 불안에 대해 다시 깊이 생각해볼 필요가 있다. 그리스 철학자 에피쿠로스(Epicurus)는 죽음을 우리가 경험할 수 없는 상태로 여기며 죽음을 두려워할 필요가 없다고 주장했다. 에피쿠로스는 "죽음은 아무것도 아니라는 생각에 익숙해져라. (…) 우리가 존재하는 동안에는 죽음은 우리에게 오지 않고, 죽음이 우리에게 왔을 때는 우리는 이미 존재하지 않기 때문이다. 따라서 산자에게나 죽은 자에게나 죽음은 아무 것도 아니다."라고 말한다.[36] 즉, 죽음은 우리에게 직접적인 고통을 줄 수 없으므로, 살아 있는 동안 그것을 두려워할 이유가 없다고 본 것이다. 에피쿠로스에게 중요한 것은 죽음에 대한 두려움을 극복하고 마음의 평온(ataraxia)을 얻는 것이다.

반면, 하이데거가 말하는 '불안'이란 에피쿠로스가 언급한 죽음에 대한 단순한 두려움이나 공포와는 본질적으로 다르다. 불안은 마음의 평온을 얻기 위해 피해야 하거나 극복해야 할 감정이 아니라, 본래적으로 존재하기 위해 반드시 직면해야 할, 실존적으로 탁월할 정도의 상황인 것이다. 불안은 인간이 자신의 유한성과 존재의 의미를 깊이 자각하게 하며, 이를 통해 삶의 방향을 숙고하고 주체적으로 결정할 기회를 제공한다.

여기서, 불안과 무(無)는 긴밀히 연결되어 있다. 인간은 죽음 앞에서 느끼는 불안 앞에서 '무'를 마주하게 된다. '무' 앞에서 우리는 자신의 삶을 새로운 시각으로 바라볼 기회를 얻게 된다. 이때 '무'는 모든 것이 무의미하다는 허무주의를 나타내는 것도 아니며, 단순히 아무것도 하지 않거나 텅 빈 공허함을 의미하지도 않는다. 오히려 '무'는 우리에게 진정으로 중요한 것이 무엇인지 깨닫게 해주는 계기를 제공한다.

톨스토이(L. Tolstoy)의 소설 《이반 일리치의 죽음》은 주인공 이반 일리치의 죽음을 통해 인간의 삶과 죽음에 대해 생각하게 만든다.[37] 소설은 이반 일리치의 장례식 장면으로 시작된다. 이반 일리치가 죽었다는 소식을 듣고 그의 주변인들은 그의 죽음을 슬퍼하기보다는 이반 일리치의 죽음으로 자신이 무엇을 얻을 수 있을까 생각한다. 친구들은 판사인 그의 자리를 누가 차지할까 저울질하고, 부인은 자신이 어떻게 하면 연금을 많이 탈 수 있을지 고민한다.

이후 소설은 이반 일리치가 죽기까지 그의 삶을 보여준다. 그는 성공적인 판사로 안정된 삶을 살았고, 경제적으로도 크게 부족함이 없었다. 그의 결혼 생활은 열정적이지는 않았다. 그가 부인과 결혼한 이유는 진정한 사랑을 느끼거나 인생관을 나눌만한 정도로 서로 마음이 잘 맞아서도 아니었다. 다만, 이반 일리치는 상류층의 사람들이 좋아할만한 여성을 아내로 맞는 것이 기분이 좋았기 때문에 결혼을 하게 된 것이었다. 하지만 이반 일리치는 부인과 자녀들과 별탈없이 무난하게 살아왔다.

어느 날 사소한 사고로 시작된 통증이 점차 심해지며 병으로 발전하면서 이반 일리치는 갑작스럽게 죽음을 앞두게 된다. 그는 받아들이기 어려운 자신의 죽음에 매우 당황하고 절망한다. 그리고 "내 삶이 잘못되었고, 이를 바로잡을 기회도 없이 죽는다면 어떻게 되는 것일까?"라는 질문을 던지며 자신의 삶을 되돌아본다. 그는 죽어가면서 "지금까지 내내 나는 산을 오르고 있다고 생각했지만 사실은 산을 내려가고 있었던거야. 사람들의 눈에는 내가 산을 오르는 것으로 보였겠지. 그러나 내 삶은 사실은 항상 발 아래로 미끄러져 내려가고 있었을 뿐이었어."라고 회고한다.[38] 그는 자신의 삶의 여정에서 외적 성공과 안정만을 추구했을 뿐, 진정한 삶의 의미와 가치를 놓쳤음을 깨닫게 된다.

소설에서 이반 일리치가 죽어가는 과정은 그의 삶에서 가장 중요하고 극적인 과정으로 그려진다. 그는 죽어가면서 주변 사람들, 특히 아내와 딸에게 서운함과 분노를 느낀다. 아내와 딸은 그의 고통을 진심으로 이해하거나 공감하지 못하며, 이반 일리치를 단지 번거롭고 피곤한 문제로 여긴다. 그들의 형식적인 돌봄은 이반 일리치에게 더욱 깊은 소외감과 절망을 안겨준다.

그러던 어느 날, 하인 게라심이 이반 일리치를 진심으로 돌보는 모습을 통해 그는 이전에 하찮게 여겼던 게라심을 새롭게 바라보게 된다. 게라심은 거동이 불편한 이반 일리치를 정성껏 돌보면서 "힘들 게 뭐 있나요? 나리께서 몸이 편찮으신데 제가 도와드리는 건 당연한 일이죠."라고 말하면서 궂은 일을 마다하지 않고 묵묵히 해냈다. 게라심의 행동과 말 속에는 진심 어린 배려와 따뜻함이 담겨 있었고, 이반 일리치는 처음으로 그를 진정으로 따뜻한 존재로 느끼게 된다.

또한, 다른 가족 구성원들이 그의 고통과 죽음을 외면하며 피하려 할 때, 아들 바샤가 이반 일리치의 손을 잡고 울음을 터뜨리는 모습을 보게 된다.[39] 그 순간, 이반 일리치는 바샤의 진심 어린 눈물에서 위로와 공감을 느꼈다. 이반 일리치는 그동안 아들 바샤를 무능하고 기대에 미치지 못하는 존재로 여기며 못마땅해했었다. 그는 처음으로 바샤의 진심을 느끼며, 자신이 그동안 아들을 세상의 외적 기준에 맞춰 판단해 왔음을 깨닫는다. 그는, 바샤의 본질을 보지 못하고, 자신의 기대 속에서 왜곡된 시선으로 아들을 바라보았음을 깊이 후회한다. 이반 일리치는 바샤의 진정성 있는 태도를 통해 진실한 사랑의 의미를 새롭게 느끼게 된다. 게라심과 바샤의 따뜻한 태도를 통해, 이반 일리치는 죽음에 대한 공포와 주변 사람들에 대한 원망에서 벗어나 비로소 내면의 평화를 경험하게 된다.

이반 일리치는 죽음 앞에서 '무(無)'와 직면하면서 삶과 죽음에 대한 새로운 통찰을 얻게 된다. '무' 앞에서 그는 가족들에 대한 서운함과 분노로 인한 깊은 소외감에서 벗어나 삶의 진정한 의미를 성찰하기 시작한다. 자신의 존재를 지탱하던 외적 가치들의 무의미함을 깨달은 그는 죽음과 고통조차도 담담히 받아들인다. 결국, 죽음 앞에서 맞이한 '무'는 그를 분노와 서운함의 굴레에서 벗어나게 하며, 존재의 진정한 의미를 깨닫게 해준다.

소설 《이반 일리치의 죽음》은 우리가 그동안 소홀히 했던 내면의 진실한 가치를 돌아보게 만든다. 예를 들어, 죽음 앞에서는 성공, 돈, 명예, 혹은 타인의 인정과 같은 것들이 사실은 영원하지 않고 사라질 수밖에 없는 것임을 깨닫게 된다. 즉, 죽음 앞에서 느끼는 '무'는 우리가 중요하다고 여겼던 것들에 대해 다시 성찰하게 만든다. 이때, "나는 그동안 무엇을 추구하면서 살아왔는가?", "나의 삶은 진정으로 의미있는 삶이었는가?"와 같은 질문을 던지며 자신의 존재를 깊이 돌아보게 되는 것이다.

바로 이 순간 우리는 "어떻게 살아야 할지"를 깨닫게 하는 내면의 목소리를 듣게 된다. 하이데거는 이를 내면의 침묵의 목소리, 즉 '양심'이라고 부른다. 이 양심은 도덕적 옳고 그름을 판단하는 기준이 아니다. 양심은 자신의 내면 깊은 곳에서 울려 나오는 침묵의 목소리로, '자기 자신의 본래적 가능성'을 일깨우는 현존재의 자기 부름(Ruf)이다. 즉, 양심은 타인의 시선이나 세상의 기준에 따라 살아가는 나를 돌아보게 만들고, 본래적 존재로서의 가능성을 실현하도록 촉구하는 실존적 부름인 것이다.[40]

양심은 현존재가 주체적으로 결단할 수 있게 하는 내면의 소리이다. 현존재는 자신을 옭아매는 것에서 벗어나 양심의 목소리에 귀를 기울이면서 인간 존재에서 중요한 가치들을 생각하고 선택할 수 있는 실존의 순간을 만나게 된다.

08 윤리의 기초, 존재에 대한 관심과 물음

"인간이란 무엇인가?"라는 물음은 분명 중요한 질문이다. 하지만, 그것만으로는 충분하지 않다. 우리는 "'나'는 어떻게 존재해야 하는가?"라는 진지한 물음을 던질 필요가 있다. 이 물음은 '나'라는 존재자가 지금 어떻게 존재하고 있으며, 또 어떻게 존재해야 하는지에 대한 반성적 성찰로 이어진다.

하이데거는 존재에 대한 물음이 인간으로서 '내'가 어떻게 살아야 하는지에 대한 윤리적 물음과 맞닿아 있다고 생각했다. 하이데거는 《휴머니즘에 관하여》라는 책에서 헤라클레이토스(Heraclitus)의 예시를 들면서 존재와 윤리성의 관계에 대한 통찰을 제시한다.[41] 헤라클레이토스는 고대 그리스의 위대한 철학자이다. 그가 남긴, "만물은 흐른다."라는 말은 세상과 인간 삶의 본질을 간결하게 드러내면서 이 세계와 인간의 삶에 대한 깊은 통찰을 제시하였다. 그는 세상 모든 존재는 변하지 않는 상태로 고정되어 있지 않으며, 끊임없이 움직이고 변한다고 주장하였다. 당시 많은 사람들에게 존경받던 헤라클레이토스의 명성을 듣고 사람들이 그를 찾아갔을 때, 빵을 굽는 가마 앞에서 불을 쬐고 있는 헤라클레이토스의 초라한 모습을 보고 사람들은 매우 실망하게 된다. 대단한 사람이라고 기대하고 찾아왔는데 행색이 초라하고 뭐 얻을 것도 없을 것 같다는 생각이 든 것이다. 이때 헤라클레이토스는 "에토스 온트로포 다이몬(ἦθος ἀνθρώπῳ δαίμων)"이라고 말하였다고 한다.

훗날 이 말은 "인품은 인간의 경우에 그의 수호신이다."라고 번역되었지만, 하이데거는 그것의 올바른 번역은 "여기에 신들이 있다."라는 번역이 적절하다고 지적한다. 헤라클레이토스는, 실망한 사람들의 모습을 보고 여기에도 신들이 살고 있다고 말하면서(신들이 거처하는 곳이라니!) 손님들이 가까이 올 수 있도록 했다는 것이다. 그러면서 하이데거는 헤라클레이토스의 그러한 말이 사상가의 '거처(에토스 ethos)'와 그의 행동을 새로운 안목으로 보게 했다고 말한다.

여기서 '거처'로 해석된 에토스(ethos)는 '정신' 또는 '기풍'이라는 말로 번역되며 윤리를 의미하는 ethics와도 밀접한 관련이 있다. 우리의 삶은 특정한 공간으로서의 거처와 분리될 수 없다. 하지만 인간이 머무는 모든 장소는 단순한 물리적 공간이 아니다. 인간이 머무는 모든 곳에는 평범한 장소에도 현존재의 행동과 사유가 흐르고 있으며 그것을 통해 그 거처가 어떠한 곳인지 드러난다. 현존재의 사유와 말과 행동에 따라 우리가 살아가는 거처는 우리에게 각각 다른 의미를 지니게 될 것이다. 아무리 번쩍이는 공간이라도 그 공간에서 누가 살아가는지, 그가 어떠한 사유와 말과 행동을 하는지에 따라 그 공간은 우리에게 다르게 다가올 것이다.

하이데거는 "에토스(Ethos)라는 말의 근본적 의미를 잘 살린다면 윤리학(Ethics)은 인간의 거처를 잘 돌보는 것을 의미한다."라고 말한다.[42] 여기서 에토스는 단순히 인간이 살아가는 장소나 환경과 같은 객관적 공간을 의미하는 것이 아니다. 그것은 존재의 의미를 묻고 그 의미 속에서 삶을 가꾸어 나가는 인간의 태도와 실천을 나타낸다. 따라서 거처를 잘 돌본다는 것은 공간을 화려하게 꾸민다는 것을 의미하는 것이 아니다. 이는 현존재가 자신의 말과 행동을 통해 세계와 관계를 맺고, 자신이 처한 상황 속에서 새로운 의미를 창조하는 실존적 존재임을 드러낸다.

이처럼 우리가 삶의 거처를 잘 돌보는 것, 다시 말해 '어떻게 존재할 것인가'에 마음을 쓰는 것이 윤리의 출발점이다. 우리의 사유와 행동은 우리가 살아가는 세계를 변화시키며, 그러한 변화에 대한 성찰과 고민이 윤리적 탐구를 가능하게 한다.

따라서 '윤리란 무엇인가?'라는 물음은 결국 '인간으로서 나는 어떻게 존재하고, 어떻게 존재해야 하는가?'라는 근본적인 문제의식과 맞닿아 있다. 인간은 이성적 존재이지만, 그 사실만으로 저절로 윤리적 존재가 되는 것은 아니다. 진정한 윤리적 존재는 '내가 어떻게 존재할 것인가'에 대해 끊임없이 마음을 쓰고, 더 나은 존재로 살아가려 노력하는 데서 드러난다.

"나는 어떻게 살아야 하는가?" 이 물음은 삶에 대한 물음이기도 하며, 죽음에 대한 물음이기도 하다. 우리는 모두 삶과 죽음 사이의 어느 지점에 서 있다. '죽음'은 인간이 어떻게 존재할 것인가를 사유할 수 있게 만드는 하나의 열쇠라고 할 수 있다. 우리는 '죽음이 무엇인가?'에 대해 질문하기보다는 '죽음을 왜 문제 삼아야 하는가?'를 물을 필요가 있다. 죽음에 대한 인식은, 유한한 시간 속에서 살아가는 자신의 삶을 어떻게 살아갈 것인가에 대한 고민과 성찰의 기회를 제공한다. 그리고 그러한 관심과 고민이 바로 윤리적 사유의 기초일 것이다.

미주 __ Endnote

1 이 글은, 이정렬 (2018), "하이데거의 존재론에서 죽음의 윤리적 의의에 대한 고찰" (윤리교육연구, 50집) 내용의 일부가 포함되어 있음을 밝힙니다.

2 K. Jaspers, 신옥희·홍경자·박은미 공역 (2019), 『철학Ⅱ』, 파주: 아카넷, 332-333.

3 K. Jaspers, 신옥희·홍경자·박은미 공역 (2019), 『철학Ⅱ』, 파주: 아카넷, 332-333.

4 K. Jaspers, 신옥희·홍경자·박은미 공역 (2019), 『철학Ⅱ』, 파주: 아카넷, 333-334.

5 K. Jaspers, 신옥희·홍경자·박은미 공역 (2019), 『철학Ⅱ』, 파주: 아카넷, 357-358.

6 K. Jaspers, 신옥희·홍경자·박은미 공역 (2019), 『철학Ⅱ』, 파주: 아카넷, 359.

7 K. Jaspers, 신옥희·홍경자·박은미 공역 (2019), 『철학Ⅱ』, 파주: 아카넷, 361.

8 B. Pascal, 김형길 역 (2010), 『팡세』, 서울: 서울대출판문화원, 148.

9 M. Heidegger, 이기상 역 (2017), 『존재와 시간』, 서울: 까치글방, 18 (SZ 4).

10 M. Heidegger, 이기상 역 (2017), 『존재와 시간』, 서울: 까치글방, 81-82 (SZ 54).

11 M. Heidegger, 이기상 역 (2017), 『존재와 시간』, 서울: 까치글방, 20-21 (SZ 5), 28 (SZ 12).

12 M. Heidegger, 이기상 역 (2017), 『존재와 시간』, 서울: 까치글방, 28-29 (SZ 12-13), 66-67 (SZ 42); M. Heidegger, 최동희 역 (1999), 『형이상학이란 무엇인가?』, 서울: 서문당, 35-36.

13 M. Heidegger, 이기상 역 (2017), 『존재와 시간』, 서울: 까치글방, 80 (SZ 53).

14 M. Heidegger, 이기상 역 (2017), 『존재와 시간』, 서울: 까치글방, 68 (SZ 42-43).

15 M. Heidegger, 이기상 역 (2017), 『존재와 시간』, 서울: 까치글방, 231-232 (SZ 168).

16 M. Heidegger, 이기상 역 (2017), 『존재와 시간』, 서울: 까치글방, 233 (SZ 170).

17 M. Heidegger, 서동은 역 (2009), 『시간의 개념』, 서울: 누멘, 22.

18 M. Heidegger, 이기상 역 (2017), 『존재와 시간』, 서울: 까치글방, 328 (SZ 243-244).

19 M. Heidegger, 서동은 역 (2009), 『시간의 개념』, 서울: 누멘, 27.

20 M. Heidegger, 이기상 역 (2017), 『존재와 시간』, 서울: 까치글방, 331 (SZ 247).

21 M. Heidegger, 이기상 역 (2017), 『존재와 시간』, 서울: 까치글방, 330-332 (SZ 246-247).

22 M. Heidegger, 이기상 역 (2017), 『존재와 시간』, 서울: 까치글방, 314 (SZ 234).

23 M. Heidegger, 이기상 역 (2017), 『존재와 시간』, 서울: 까치글방, 347. (SZ 260).

24 M. Heidegger, 이기상 역 (2017), 『존재와 시간』, 서울: 까치글방, 346-347 (SZ 259).

25 M. Heidegger, 서동은 역 (2009), 『시간의 개념』, 서울: 누멘, 16.

26 M. Heidegger, 이기상 역 (2017), 『존재와 시간』, 서울: 까치글방, 338–339 (SZ 253).

27 M. Heidegger, 이기상 역 (2017), 『존재와 시간』, 서울: 까치글방, 339 (SZ 253).

28 M. Heidegger, 서동은 역 (2009), 『시간의 개념』, 서울: 누멘, 27.

29 M. Heidegger, 이기상 역 (2017), 『존재와 시간』, 서울: 까치글방, 339–340 (SZ 253).

30 오츠 슈이치, 황소연 역 (2009), 『죽을 때 후회하는 스물 다섯 가지』, 파주: 21세기 북스.

31 M. Heidegger, 이기상 역 (2017), 『존재와 시간』, 서울: 까치글방, 251 (SZ 184).

32 M. Heidegger, 최동희 역 (1999), 『형이상학이란 무엇인가?』, 서울: 서문당, 79–97.

33 M. Heidegger, 이기상 역 (2017), 『존재와 시간』, 서울: 까치글방, 340 (SZ 254).

34 S. Kierkeggard, 임춘갑 역 (2011), 『불안의 개념』, 서울: 치우, 309–310.

35 M. Heidegger, 서동은 역 (2009), 『시간의 개념』, 서울: 누멘, 28; M. Heidegger, 최동희 역 (1999), 『형이상학이란 무엇인가?』, 89–90.

36 Epicurus, 박문재 역 (2022), 『에피쿠로스 쾌락』, 파주: 현대지성, 109–110.

37 L. Tolstoĭ, 김연경 역 (2023), 『이반 일리치의 죽음』, 서울: 민음사.

38 L. Tolstoĭ, 김연경 역 (2023), 『이반 일리치의 죽음』, 서울: 민음사, 70–73.

39 L. Tolstoĭ, 김연경 역 (2023), 『이반 일리치의 죽음』, 서울: 민음사, 101–102.

40 M. Heidegger, 이기상 역 (2017), 『존재와 시간』, 서울: 까치글방, 365–366 (SZ 273–274).

41 M. Heidegger, 최동희 외 공역 (1989), 『철학이란 무엇인가 외』, 서울: 삼성출판사, 130–132.

42 M. Heidegger, 최동희 외 공역 (1989), 『철학이란 무엇인가 외』, 서울: 삼성출판사, 130–132.

5

시민, 세상을 바꾸는 이름

세계는 인간에 의해 만들어지기 때문에 인간적인 것이 아니며,
인간의 소리가 그 속에서 들린다고 해서 인간적인 것도 아닙니다.
세계는 대화의 대상이 되고 있을 때만 인간적인 것이 됩니다.
우리가 세계의 사물에 의해 영향을 받는다 할지라도
세계가 아무리 깊게 우리를 감동시키고 자극시킨다 할지라도,
우리가 동료들과 이것에 대해서 논의할 때에만
세계의 사물들은 우리에게 인간적인 것이 됩니다.

- 아렌트(H. Arendt), 《어두운 시대의 사람들》 -

01 평범한 모습이 악으로 나타날 때

'악의 평범성(banality of evil)'이라는 개념을 들어본 적이 있는가? '악의 평범성'은 1961년 당시 〈더 뉴요커(The New Yorker)〉의 의뢰를 받아 아이히만 재판을 취재하게 된 아렌트(H. Arendt)의 논평을 통해 널리 알려졌다.

아이히만은 제2차 세계대전 당시 유대인 학살을 조직하고 실행한 주요 인물이었다. 아이히만은 1938년부터 유대인 강제이주 정책의 책임자로 일하게 되면서 유대인을 강제로 이주시키고 격리하는 일을 해왔다. 이후 아이히만은 유대인을 죽음의 수용소로 보내 학살시키는 일을 하였다. 이 모든 과정에서 아이히만은 최선을 다해 자신에게 주어진 업무를 성실하게 수행했다. 아이히만은 패전 직전 잠적해 아르헨티나로 도망가 숨어 살다가 1960년 전범 추적자들에게 체포되었다.

재판에서 아렌트는 아이히만의 모습에서 악마가 아닌 평범한 인간을 발견했다. 그는 가족을 사랑하는 평범한 가장이자, 자신의 직무에 충실했던 공무원일 뿐이었다.

그가 끔찍한 범죄를 저지른 이유는 특별히 악랄해서가 아니었다. 아렌트는 이를 '사유의 부재', 즉 '생각하지 않는 태도'에서 비롯된 것이라고 설명했다. 예를 들어, 이런 상황을 떠올려 보자. 누군가 당신에게 어떤 일을 시키며 "이건 이미 상부에서 결정한 계획입니다. 당신의 역할은 지시에 따르는 것뿐입니다!"라고 말한다. 당신은 어떻게 할 것인가? 당신은 책임감을 가지고 성실하게 임무를 수행할 것이다. 하지만, 명령의 결과가 끔찍한 것이라면, 그 지시에 의문을 품을 것이다. 그러나 아이히만은 그렇게 하지 않았다. 그리고, 그는 1961년 예루살렘에서 열린 재판에서 단지 "상부의 명령에 따랐을 뿐"이라고 주장했다. 그는 명령에 따라 자신이 맡은 일을 무비판적으로 수행했고, 그 결과 수백만 명의 유대인이 학살당했다.

자신이 한 일에 양심의 가책을 느끼지 않느냐는 질문에 아이히만은 국민의 세금으로 월급을 받는 공무원으로서 국가가 자신에게 명령한 일을 제대로 수행하지 않았다면 오히려 양심의 가책을 느꼈을 것이라고 대답하기도 했다. 아이히만이 국가의 명령에 따라 철저하게 수행했던 일이란 바로 어린아이를 포함해 수백만 명을 죽음으로 내몬 일이었다. 아렌트는 아이히만의 이러한 태도를 '악의 평범성'으로 명명하면서 사유의 부재가 낳은 위험한 결과를 경고한다.

> 이는 마치 이 마지막 순간에 그가 인간의 연약함 속에서 이루어진 이 오랜 과정이 우리에게 가르쳐 준 교훈을 요약하고 있는 듯했다. 두려운 교훈, 즉 말과 사고를 허용하지 않는 악의 평범성을.[1]

> 아이히만에게서 나타나는 천박함 때문에 그의 과거 행적에 드러난 명약관화한 악의 심층적 근원이나 동기를 추적하는 것은 불가능했지만, 나는 그의 천박함에 충격을 받았다. 그의 과거 행적들은 소름끼쳤다. 그러나 현재 재판을 받고 있는 실존인물인 그는 아주 일상적이며 평범하면 했지 결코 악마적이거나 기이하지 않았다. 그에게서는 이데올로기적 확신이나 특이한 악의적 동기의 징후가 발견되지 않았다.[2]

아이히만은 평범한 인간이 사유의 부재 속에서 어떻게 끔찍한 악행을 저지를 수 있는지를 잘 보여준다. 아렌트는 이러한 아이히만의 태도에 대해 자기가 무엇을 하고 있는지 결코 깨닫지 못하였으며, 순전한 무사유(sheer thoughtlessness)를 드러낸다고 논평한다.[3] 그것은 결코 어리석음을 말하는 것은 아니었다. 아이히만은 상부의 명령에 충실하게 자신의 직무만 수행했을 뿐 그것의 의미에 대해서는 생각하지 않는 사유의 무능력함을 보여준 것이다.

아렌트는 아이히만의 무사유의 원인을 그가 '확장된 심성(enlarged mentality)'을 가지지 못한 데서 찾는다. '확장된 심성'이란 칸트(I. Kant)가 제시한 개념으로, "다른 모든 사람의 입장에서 생각하는 능력"을 의미한다.[4]

> 소통 가능성은 분명히 확장된 심성에 의해 좌우된다. 사람은 다른 사람의 관점에서 생각할 수 있을 때에만 소통할 수 있다. 그렇지 않다면 결코 다른 사람과 의견일치를 볼 수 없고, 또 다른 사람을 이해한다는 식으로 말할 수 없을 것이다.[5]

'확장된 심성'은 단순히 타인을 이해하고 포용하는 태도를 말하는 것이 아니라, 자기 자신과의 소통, 즉 내면의 대화를 통해 타인의 입장에서 자신의 행동과 판단을 비판적으로 성찰하는 능력과 태도를 의미한다.

아렌트에 의하면, 아이히만과 같은 나치 관료들은 상부의 명령을 다른 관점에서 바라보려는 시도를 하지 않음으로써 판단의 무능력함을 여실히 드러냈다. 즉, "상부의 명령에 충실하게" 자신의 직무만 수행했을 뿐 그 의미에 대해서는 생각하지 않는 사유의 무능력함과 판단의 무능력함을 보여준 것이다. 이러한 사유의 무능력함으로 인해 그는 자신의 행위가 초래할 끔찍한 결과와 그 비도덕성을 깊이 이해하지 못했다. 아렌트에 의하면 슬픈 진실은, 선하려고도 악하려고도 마음먹은 적이 없었던 사람들이 최악의 일을 벌인다는 점이다.6

아렌트가 제시한 '악의 평범성'은 현대사회를 살아가는 우리에게 여전히 강력한 경고로 다가온다. 이는 단순히 한 개인의 문제를 넘어, 사유하지 않는 집단이 만들어낼 수 있는 사회적 비극을 직시하게 만든다. '내가 무슨 일을 하고 있는지 깊이 성찰하지 않으며', '타인의 다양한 관점을 고려하려는 노력을 하지 않는' 태도는 우리 스스로가 인식하지 못하는 사이 평범한 일상 속에 악이 스며들게 만든다. 결국, 평범함이라는 이름 아래 도덕적 무감각과 무책임이 자리 잡을 때, 그 사회는 진정한 인간다움을 잃게 된다. 이러한 아렌트의 통찰은 시민으로서의 책임과 타인 및 세상을 향한 열린 사유의 중요성을 끊임없이 상기시킨다. 이는 단순한 경고가 아니라, 더 나은 시민공동체를 꿈꾸는 우리 모두에게 주어진 과제일 것이다.

시민이란 단지 국가 공동체 구성원이라는 법적 지위만을 나타내는 것이 아니다. 시민은 공적 영역에서 자신의 목소리를 내고 공동체의 가치를 실현하기 위해 노력하는 주체이다. 즉, '시민'이라는 개념은 공적 영역 속에서 구성원들이 지향하는 이상적 가치를 담고 있다. 시민의 사유와 행동은 우리 공동체의 가치를 실현하고 발전시키는 힘이다. 우리가 살아가는 공동체를 어떻게 만들어 나갈 것인가? 어떠한 시민이 될 것인가? 우리는 다른 시민들과 어떻게 공존할 것인가?

02 아이히만에게 책임을 묻는 것은 정당한가?

여기서 우리는 다음과 같은 의문을 던질 수 있다. "아이히만은 단지 명령에 충실했을 뿐인데, 그에게 도덕적 책임을 묻는 것은 지나친 것이 아닐까?", "사회적 압력과 명령이 그의 행동을 강요한 것은 아닐까?"

이 질문은 지금도 여전히 우리에게 중요한 윤리적 딜레마를 던진다. 개인이 체제의 일부로서 행동했을 때, 도덕적 책임은 어디까지 물을 수 있을까? 그리고 우리가 공동체 속에서 누리는 권리와 의무에는 어떤 책임이 수반되어야 하는가? 아렌트는 《책임과 판단》에서 이 질문들에 답하며, 인간의 사유와 도덕적 판단, 그리고 연대적 책임의 중요성을 논의한다.

아렌트는 도덕적 판단과 양심을 개인 책임의 핵심 요소로 본다. 그녀는 양심을 단순히 외부의 규범이나 권위에 따라 작동하는 것이 아니라, 자신의 행위를 스스로 성찰하는 내적 과정으로 보았다. 양심은 자신과의 대화 과정이며, 스스로에게 질문을 던지고 그 답을 구하는 사유 활동이다.

> 양심은 (…) 옳고 그름을 알고 판단하는 능력이 아니라 우리가 현재 의식(consciousness)이라고 부르는 것, 즉 우리가 우리 자신에 대해 알고 자각하는 능력을 의미한다.[7]

즉, 양심은 단순히 '옳고 그름'에 대한 결론을 내리는 것이 아니라, 자신의 행위를 돌아보고, 자신이 옳다고 믿는 기준을 끊임없이 성찰하는 과정이다. 이러한 성찰을 바탕으로 한 판단은 그 결과에 대한 책임을 수반한다.

그러나 아이히만은 이러한 사유와 판단의 과정을 스스로 중단했다. 그는 "명령에 따랐을 뿐"이라는 변명을 내세우며, 자신의 행동이 어떠한 의미를 가지는지에 대한 성찰을 거부하였다. 아렌트는 바로 이러한 '사유의 결여'가 아이히만의 악행을 가능하게 한 핵심적인 요소라고 보았다.

모든 개인은 자신의 행위에 대한 윤리적 책임이 있다. 이는 사회적 압력이나 명령에 의해 정당화될 수 없으며 그에 따른 책임을 면제받을 수도 없다. 아렌트는 "책임 회피, 옆으로 비켜서기, 또는 인간의 사악함을 말로 대충 얼버무리기"를 도덕적 책임에서 가장 심각한 난제로 보았다.[8]

아이히만에게 책임을 물을 수 있는 이유는 그가 단순히 사유하지 못했기 때문이 아니라, 사유와 판단을 의도적으로 포기했기 때문이다. 아이히만의 사례는, 종종 가장 큰 악이 극단적인 신념에 기반하는 것이 아니라, 단순히 자기 판단을 포기한 사람들의 비판적 사고 부재에서 비롯된다는 것을 잘 보여준다. 아이히만은 자신의 행위가 초래할 결과에 대해 성찰할 수 있었음에도 불구하고, 이를 의도적으로 외면했다. 그는 판단할 능력이 없었던 것이 아니라, 판단의 책임을 외면하기로 결정한 것이다. 판단하지 않는 것 또한 스스로 내리는 하나의 선택이며, 그 결과에 대해서는 도덕적 책임이 요구된다. 따라서 사유와 판단의 부재는 도덕적 책임을 회피하는 근거가 될 수 없으며, 오히려 그 자체가 책임을 져야 할 막중한 행위인 것이다.

그렇다면 여기서 우리는 다음과 같은 질문을 제기해 볼 수 있다. "공동체가 저지른 잘못에 대해 내가 책임이 있는가?" 아렌트는 개인이 집단의 일부로 존재하는 한, 그 집단의 행위에 대해 완전히 무관할 수 없으며 일정한 책임이 따른다고 답한다. 아렌트는 "내가 하지 않은 일로 문책을 당하는 게 틀림없으며, 내가 책임을 추궁당하는 이유는 내가 나의 자발적인 행위로 해체시킬 수 없는 어떤 집단에 속해있기 때문"이라고 말하면서 '집합적 책임'을 강조한다. 우리는 공동체를 떠남으로써만 집합적 책임에서 벗어날 수 있다. 그러나, 어떤 사람도 공동체 없이 살 수 없기 때문에, 한 공동체를 떠나 다른 공동체에 속한다고 해서 책임이 사라지는 것은 아니다. 단지 자신이 속한 공동체가 바뀌면서 그 공동체에 따른 새로운 책임을 맡게 될 뿐이다.[9] 따라서, 우리가 어떤 정치 공동체에 소속되어 살아가고 있는 한, 행위의 결과에 대해 직접 책임이 없는 경우에도, 개인은 자신이 속한 공동체의 행위가 초래한 결과에 대한 연대적 책임을 공유하게 되는 것이다.

연대적 책임에 대한 아렌트의 설명은, 우리가 공동체의 구성원으로서 어떤 역할을 하고 있으며, 그 결과에 대해 어떠한 책임 의식을 지니고 있는지를 성찰하도록 이끈다. 시민으로서 우리의 행위는 단지 개인의 문제가 아니라, 공동체의 윤리적 방향을 결정짓는 요소가 된다. 즉, 연대적 책임은 우리 자신이 속한 세계를 더 공정하고 정의롭게 만드는 토대가 된다. 이 세계를 더 나은 곳으로 만들기 위해 우리는 무엇을 고민해야 하는가? 우리는 스스로에게 어떠한 물음을 던져야 하는가?

03 과거에서 현재로: 아이히만의 그림자는 사라졌을까?

○ 성실한 톱니바퀴, 무사유의 함정

개인이 자신의 역할을 충실히 수행하는 것만으로 어떻게 거대한 악의 일부가 될 수 있을까? 아렌트가 제시한 '악의 평범성'은 이러한 질문에 대한 깊은 통찰을 제시한다. 아이히만은 스스로를 '명령에 충실한 관료'로 여겼으나, 그 충실함은 대량 학살이라는 끔찍한 범죄의 톱니바퀴로 기능했다.[10]

아렌트는 아이히만이 나치 체제 시스템의 일부로 기능했음을 설명하며, 그가 상부의 명령에 기계적으로 복종하며 체계의 일부, 곧 '톱니바퀴'로 작동했음을 지적한다. 톱니 이론은 사회적 구조와 개인의 역할을 기계적 메커니즘으로 비유하여 설명하는 개념이다. 여기서 개인은 거대한 조직이나 체계 내의 작은 톱니바퀴처럼 기능하며, 전체 시스템이 작동하도록 돕는 단위로 간주된다. 톱니 이론에서 각 톱니는 고유한 주체가 아닌 체제의 일부로만 여겨지며, 필요에 따라 쉽게 교체되거나 소모될 수 있는 존재로 취급된다. 아이히만은 이러한 톱니 이론의 실체를 극단적으로 보여주는 사례이다. 그는 나치 체제라는 거대한 기계 안에서 '효율적이고 성실한' 톱니바퀴로 작동한 인물이다. 그는 자신의 행위를 성찰하지 않았으며, 윤리적 판단은 그의 사고 과정에서 철저히 배제되었다.

재판 과정에서 아이히만은 "저는 그 문제에 관한 한 단 한 사람의 유대인도 죽이지 않았습니다. 저는 유대인을 죽이라는 명령도, 유대인이 아닌 사람을 죽이라는 명령도 내린 적이 없었습니다." 라고 주장하면서, 단지 상부의 명령에 따라 자신의 역할을 충실히

수행했을 뿐이라고 역설했다.[11]

재판 과정에서 아이히만은 자신은 전 생애에 걸쳐 칸트의 도덕 교훈, 특히 의무에 대한 개념을 따르며 살아왔다고 강조하면서 선량한 시민으로서 당시의 법을 준수했을 뿐이라고 주장했다. 아이히만은 명령에 따라 행동하는 것을 의무로 착각했고 자신의 행위가 도덕적으로 옳은지 사유하지 않았다. 아이히만의 두드러진 특징은 잔혹함이 아니라, 자신을 단순히 명령을 따르는 도구로 간주했던 '무사유의 태도'였다. 이러한 무사유로 인해 그는 끔찍한 만행의 일부가 되었다. 무사유로 인한 맹목적인 복종이 집단적 악을 가능하게 했다는 점에서, 톱니 이론은 시민의 사유와 윤리적 판단의 중요성을 환기시킨다.

그렇다면 현대사회에서 아이히만의 그림자는 사라졌을까? 현대사회에서 과학 기술은 눈부시게 발전하고, 사회는 더 조직적으로 체계화되었으며, 디지털 기술이 만들어 낸 영향력은 새로운 권력으로 자리잡았다. 사람들은 끊임없이 '좋아요'와 '팔로워'에 의존하며 살아가고, 자신의 행동이 어떤 결과를 낳을지 깊이 고민하지 않은 채 시스템 속에서 일상을 보낸다. 회사는 이익을 추구하는 과정에서 자연 환경을 희생하며, 알고리즘은 사회적 편향성을 심화시킨다. 그럼에도 불구하고 이 시스템 속에서 살아가는 사람들은 이렇게 말한다. "나는 그저 내 역할을 했을 뿐이다.", "내가 맡은 일을 하기도 바쁜데... 그래도 내가 맡은 일은 열심히 했어.", "다들 그렇게 하잖아.", "그건 법에 어긋나는 게 아닌데 뭐." 개인들은 책임을 시스템에 떠넘기며 어쩔 수 없는 일이라 여긴다. 모두가 자신은 그저 맡은 일을 했을 뿐이라고 주장하며, 책임의 무게를 외면하고 있다.

오늘날의 아이히만들은 더 이상 강제수용소의 명령을 따르지 않는다. 대신 그들은 데이터 센터, 조직체계, 의사결정 회의, 알고리즘을 설계하는 작업 공간 안에서 성실히 자신들의 일을 수행할 뿐이다. 악은 광적인 증오나 극단적인 악의에서 비롯되는 것이 아니라, 사유의 부재와 맹목적 복종 속에서 태어날 수 있다. 우리는 정말 사유하며 살아가고 있는가? 아니면 시스템의 톱니바퀴가 되어, 스스로를 면책하는 또 다른 아이히만이 되어가고 있는가?

○ V의 메시지: 자유를 지키는 힘은 시민에게 있다

영화 〈V for Vendetta〉는 철저히 통제되고 억압적인 체제가 개인의 자유를 말살하고, 공포와 선전을 통해 대중을 지배하는 전형적인 디스토피아적 전체주의 사회를 잘 드러낸다. 이 사회는 언론 매체를 철저히 장악하여 모든 뉴스와 정보를 검열하고 허위 사실을 통해 정부에 대한 비판을 차단하면서 체제의 정당성을 강화한다. 또한, 예술과 문화는 정부가 승인한 것만 허용되며, 시민의 사소한 행동도 감시와 조사의 대상이 된다.

영화는 아렌트가 지적한 사유의 부재와 체제 순응의 문제를 현대적 맥락에서 드러내며, 권위주의와 전체주의 체제가 시민의 무관심과 순종을 통해 강화될 수 있음을 보여준다.

이 영화가 제시하려는 메시지는 바로 '시민'이다. 이 영화는 이러한 전체주의 체제를 가능하게 한 '시민'의 책임을 강조하는 한편, 이러한 체제를 변화시킬 힘 또한 '시민'에게 있음을 역설한다. 영화에서 'V'는 시민들 앞에서 이렇게 연설한다. "가장 큰 책임은 정부에 있지만... 이 지경이 되도록 방관한 건 바로 여러분입니다." 이 연설은 시민들의 무관심과 순종이 초래할 수 있는 심각한 결과를 일깨운다.

마지막 장면에서 핀치(Finch) 경감이 V가 누구였는지 묻자 이비(Evey)는 이렇게 대답한다. "그는 에드몽 당테스였어요. 그리고 내 아버지였고... 어머니였고... 오빠였고... 내 친구였고...형사님이었고... 나 자신이었고... 그는 '우리들 모두'였어요." 이비의 대답은 명료하고 분명하다. 자유롭고 정의로운 사회는 특정한 영웅 한 사람에 의해 만들어지는 것이 아니라, 모든 시민들의 책임과 참여로 이루어진다는 강렬한 메시지를 전달한다.

2차 대전은 이미 먼 역사의 한 장면이 되었다. 히틀러나 아이히만 같은 독재자의 만행은 교과서와 다큐멘터리 속 과거의 사건처럼 느껴질지도 모른다. 인류는 이 비극에서 교훈을 얻었다고 믿으며, 오늘날 인권과 평화를 논의하는 성숙한 세계로 나아가고 있다고 자부할 수도 있을 것이다. 하지만 정말로 그렇다고 할 수 있을까? 히틀러와 아이히만은 사라졌지만, 그들의 그림자는 우리 사회 어딘가에서 다른 모습으로 나타나고 있는 것은 아닐까? 2차 대전은 역사일지 모르지만, 아이히만의 이야기는 언제나 현재를 향한 중요한 질문으로 우리 곁에 남아 있다. 이는 단순한 이론적 논쟁이 아니라, 시민의 역할과 책임에 대한 본질적인 고민을 요구한다. 우리는 공적 영역에서 어떠한 의식을 지니고 무엇을 실천해야 하는가? 그리고 이러한 실천을 가능하게 하는 시민의 자유란 무엇인가?

04 인간의 조건과 시민의 자유

○ 인간의 조건

인간의 조건이란 무엇일까? 인간은 왜 일하고, 무엇을 만들어 내며, 다른 사람들과 어떻게 관계를 맺으며 살아가는가? 이러한 질문은 우리가 무엇을 위해 살아가며, 어떤 삶을 추구해야 하는지에 대한 근본적인 성찰을 요구한다. 동시에, 인간의 한계는 어디까지이며, 인간다움이란 무엇인지에 대한 물음을 함께 제기한다. 아렌트는 인간의 조건을 노동(Labor), 작업(Work), 행위(Action)라는 세 가지 활동으로 제시하였다. 여기서 인간의 조건이란, 인간다운 삶의 이상적인 기준이 아니라, 인간이 세상에서 살아가며 수행하는 다양한 활동을 가능하게 하는 근본적 조건과 구조를 탐구하는 개념이다. 아렌트는 인간을 조건지어진 존재라고 말한다. 저절로든 인간의 노력에 의해서든 인간세계에 들어온 것은 무엇이나 인간 조건의 한 부분이 된다. 아렌트는 이러한 인간의 조건 속에서 인간다운 삶을 구성하는 요소와 자유의 본질이 무엇인지를 탐구하고자 하였다.[12]

노동(Labor)

노동은 인간이 생존하기 위해 반복적으로 수행해야 하는 활동이다. 먹고사는 문제를 해결하기 위해 일하고, 생필품을 얻고, 끊임없이 생계를 유지해야 하는 활동이 모두 여기에 포함된다. 노동은 인간이 피할 수 없는 필연적인 활동이다. 배고픔을 해결하고, 생존을 유지하기 위해 계속 반복해야 한다는 점에서, 노동은 자연적 필요에 의해 강요되는 활동이다. 노동에만 매몰된 인간은 생존을 위한 사적 영역에 머물며, 타인과 공적 영역에 대한 관심에서 멀어지고 개인적 이익에 몰두하는 삶을 살아가게 된다. 노동은 본질적으로 생존을 위한 조건일 뿐, 시민의 자유를 실현하는 활동이 될 수 없다.

작업(Work)

작업은 단순한 생존을 넘어, 인간이 안정된 삶을 가능하게 하는 인공의 세계를 만드는 활동이다. 집, 가구, 자동차, 옷과 같은 일상용품뿐만 아니라 각종 도구와 구조물도 작업의 결과물에 해당한다. 작업은 특정 목표를 위해 설계되고, 결과물을 통해 인공적 세계를 구축하고 비교적 오래 지속되는 형태로 남는다. 작업은 반복적이고 순환적인 노동과 달리, 인간이 환경을 변화시키고 창조적 능력을 발휘하는 활동이다. 그러나 작업의 목적이 주로 사물을 제작하고 구축하는 데 있다는 점에서, 타인과의 상호작용이나 공적 영역에서의 협력을 필수적으로 요구하지는 않는다. 작업은 인공적 세계를 구성하는 데 기여하지만, 그것만으로는 시민적 자유를 실현하는 근본적인 조건이 될 수 없다.

행위(Action)

행위는 타인과 함께 공적 영역에서 이루어지는 활동이다. 이는 사람들 간의 소통과 협력을 통해 공적 세계를 변화시키고 새로운 가능성을 열어가는 과정이다. 아렌트는 행위를 정치적 영역의 본질로 제시하며, 사물을 매개로 하지 않고 인간들 사이에 직접 이루어지는 유일한 활동이라고 설명한다.[13]

정치의 영역은 직접적으로 함께 '행위' 하는 데서, 즉 '말과 행위의 공유'에서 발생한다. 그래서 행위는 우리 모두에 공통적인 세계의 공적 부분에 가장 밀접한 관계를 가질 뿐만 아니라 공적 영역을 구성하는 활동이기도 하다.[14]

여기서 우리는 잠시 의문을 가질 수도 있다. "정치? 나는 정치에는 관심이 없어. 내가 국회의원도 아닌데 뭐." 하지만, 아렌트가 말하는 정치는 우리가 흔히 생각하는 파벌 다툼이나 국가 지도자의 통치와는 다른 의미를 지닌다. 그녀에게 정치는 타인과 소통하고 함께 행위하며, 공동체의 문제를 논의하고 공적 영역을 구성해가는 과정이다. 따라서 정치는 특정 집단이 사적인 이익을 위해 이용하는 지배 수단이 아니다.

정치는 행위와 말의 공유를 통해 공적 영역을 창조하고 유지하는 활동이다. 행위는 인간의 판단과 의지가 개입된 활동으로, 단순한 본능적 반응이나 명령에 따른 행동과는 본질적으로 다르다. 이러한 의미에서 사유 없는 행위는 존재할 수 없다. 아렌트는 행위를 통해 인간이 진정한 자유를 경험하며, 그 자유는 타인과의 관계 속에서만 실현될 수 있다고 보았다.

아렌트에 의하면, 정치적이라는 것은 힘과 폭력이 아니라 말과 설득을 통하여 모든 것을 결정한다는 것을 의미한다. 정치적 영역은 자유의 영역이다.[15]

그렇다면 정치적 영역이 자유의 영역이란 것은 무엇을 의미하는가? 시민의 자유란 무엇인가? 공적 영역과 시민의 자유는 어떠한 관계에 있을까?

○ 자유에 대한 다양한 관점, 시민의 자유란 무엇일까?

당신은 자유로운 시민인가? '시민의 자유'라는 말은 우리에게 너무 익숙한 듯하지만, 그 의미를 깊이 들여다보면 다양한 해석이 공존한다. 자유란 억압과 간섭으로부터 벗어난 해방의 상태, 즉 소극적 자유를 말하는 것일까, 아니면 더 나아가 스스로 목표를 설정하고 이를 적극적으로 실현할 수 있는 능력, 즉 적극적 자유를 포함하는 개념일까? 이 질문은 단순히 개념적 논의를 넘어, 공적 영역과 시민의 관계에 대한 실질적인 고민을 불러 일으킨다.

벌린(I. Berlin)은 자유를 소극적 자유(negative liberty)와 적극적 자유(positive liberty)라는 두 개념으로 제시한다. 소극적 자유는 '~로부터의 자유'로 외부로부터의 간섭이나 억압이 없는 상태를 의미한다. 이 관점에서는, 개인이 다른 사람이나 외부 권력에 의해 행동이 방해받지 않는 것을 중시한다. 반면, 적극적 자유는 '~를 향한 자유' 즉 '자기 지배(self-mastery)'로 설명된다.[16] 적극적 자유는 자신의 내면적 욕구와 가치를 깊이 숙고하고, 스스로 선택한 삶의 방향에 따라 주체적으로 살아갈 수 있는 능력과 상태를 말한다. 이는 단순히 외부의 간섭과 억압이 없는 상태(소극적 자유)를 넘어, 개인이 자기 결정과 자기 실현을 통해 삶을 능동적으로 이끌어갈 수 있는 자유를 뜻한다. 시민의 이익과 행복은 단순히 외부의 억압이 없는 상태가 아니라, 각 개인이 자신의 목표와 가치를 스스로 설정하고 이를 추구하는 과정에서 실현될 수 있다. 예를 들어, 교육 정책이나 복지 제도는 시민이 더 나은 삶을 위해 주체적으로 선택할 수 있도록 돕기 위해 마련된 것이다. 이는 단순히 소극적 자유의 보장에 그치는 것이 아니라, 각 개인이 자신의 목표와 가치를 설정하고 이를 실현할 수 있도록 지원함으로써 적극적 자유를 가능하게 한다.

벌린은 자유의 두 개념 중 외부의 억압과 간섭으로부터 벗어난 소극적 자유를 진정한 자유로 보았다. 그는 적극적 자유가 잘못 해석되거나 오용될 경우, 위험한 결과를 초래할 수 있다고 경고했다. 특히, 국가 권력이 자의적으로 '진정한 자유'를 정의하고 국민의 이익과 행복을 명분으로 법과 정책을 강제로 실현하려 할 때, 개인의 권리가 심각하게 침해될 수 있다는 것이다. 예를 들면, 나치 독일은 '강한 독일'과 '민족 공동체의 번영'을 실현한다는 명분으로 개인의 자유를 억압했다. 국가가 국민의 이익과 행복을 위한다는 구실로 유대인과 장애인 등 소수 집단을 배제하거나 탄압했으며, 국민 개개인의 삶과 사상, 행동을 국가가 정한 이념과 목표에 맞추도록 강제했다. 이러한 국가 주도의 적극적 자유의 추구는 나치 시대에만 국한되지 않는다. 현대 사회에서도 국민의 안전과 공익을 이유로 개인의 선택을 제한할 수 있다. 예를 들면, 국가 안보와 범죄 예방을 명분으로 대규모 감시 시스템을 운영하거나 시민의 활동을 통제할 경우 시민의 사생활과 권리 침해에 대한 우려가 제기될 수 있다. 이러한 정부의 개입은 개인의 자유를 보장하기보다는 오히려 통제와 억압으로 작용할 위험이 있다. 이러한 사례는, 적극적 자유의 논리가 잘못 사용될 경우, 개인의 자유와 권리를 침해하며 독재적 통치나 전체주의적 사회 구조를 낳을 가능성이 있음을 보여준다.

벌린의 입장은 매력적으로 보인다. 억압으로부터 벗어나는 것은 자유의 기본적인 조건인 것처럼 여겨지기 때문이다. 그러나 우리는 다음과 같은 질문을 던져볼 수 있다. "단지 간섭받지 않는 상태로 충분할까?"

간섭받지 않는 상태, 즉 소극적 자유는 필수적인 출발점일 수 있지만, 그것만으로는 충분하지 않다. 외부의 억압이 없다고 해도,

개인이 자신의 삶을 원하는 방향으로 이끌어갈 능력과 기회를 갖지 못한다면, 자유를 온전히 누린다고 볼 수 없기 때문이다.

예를 들어, 어떤 사람이 외부의 간섭 없이 살아간다고 해도, 교육을 받을 기회가 없거나 경제적 여건이 부족하여 자신이 원하는 목표를 실현할 수 없다면, 그 자유는 형식적인 것에 불과하다. 소극적 자유는 무엇을 할 수 없게 만드는 장애물을 제거하는 데에 초점을 두지만, 적극적 자유는 그보다 한 걸음 더 나아가 스스로 삶의 방향을 정하고 이를 실현할 수 있는 능력과 조건을 강조한다.

이러한 의미에서 시민의 자유는 단지 간섭의 부재나 해방에 그치는 것이 아니라 시민의 권리와 행복을 실현할 수 있는 능력과 조건을 포함한다. 더 나아가, 적극적 자유는 개인의 삶을 넘어, 이를 가능하게 하는 사회적 조건과 환경을 만들어가는 과정에서 시민의 적극적인 참여를 요구한다. 물론, 벌린의 경고처럼 적극적 자유의 개념이 왜곡되거나 강요될 경우 전체주의적 통제로 변질될 위험이 존재한다. 그러나 이러한 위험이 있다고 해서 적극적 자유의 중요성을 간과할 수는 없다. 자유는 단지 억압에서 벗어나는 것을 넘어, 개인과 공동체가 함께 성장하고 변화할 수 있는 가능성을 열어주는 본질적 가치이기 때문이다.

한편, 아렌트는 벌린이 제시한 자유의 두 개념을 넘어, 자유를 정치적 맥락에서 독창적으로 해석한다. 그녀에게 정치의 본질은 바로 자유이며, 이 자유는 단순히 억압이 없는 상태(소극적 자유)를 넘어선다. 또한, 내면의 자기 통제나 자율성을 강조하는 적극적 자유와도 구별된다. 그녀가 말하는 시민의 자유는 공적 영역에서 '서로의 관계 안에서'17 소통하고 협력하며 공동의 문제를 함께 논의하고 해결하는 과정에서 성취되는 자유이다.

아렌트는 정치의 존재 이유는 자유라고 강조한다. 그러나 자유는 혼자서는 실현될 수 없으며, 오직 동등한 타인들과 함께할 수 있는 공적 영역이 있을 때 가능하다.[18] 공적 영역이란 사람들이 서로의 관점을 공유하고, 공공의 문제를 논의하며, 공동의 세계를 형성하는 공간이다. 이러한 공적 영역이 존재할 때 시민들은 정치적 활동을 통해 진정한 자유를 경험할 수 있다. 그리고 이러한 자유의 실현이 바로 정치의 본질적 목적이다.

그렇다면 오늘날 우리는 아렌트가 말한 시민의 자유를 실천하며 살아가고 있을까? 혹은 개인적 삶의 안락함에 만족하며 공공의 문제에는 무관심한 것은 아닐까? 우리는 공공의 문제와 미래를 고민하고 사회적 변화에 참여하고 있을까?

자유란 저절로 주어지는 권리가 아니라, 끊임없이 질문하고, 행동하며, 만들어가는 과정이자 실천이다. "시민의 자유란 무엇인가?"라는 질문은 단순히 머릿속에서만 떠도는 추상적인 논의가 아니다. 이는 우리가 어떤 시민으로 살아갈 것인가를 묻는 실천적이고 현실적인 질문이다. 당신은 정말 자유로운 시민인가? 아니면 간섭받기 싫어하는 시민인가?

05 새로운 세상을 여는 두 열쇠: 탄생성과 다원성

아렌트는 우리에게 흥미로운 이야기를 들려준다. 인간은 단순히 태어나고 죽는 존재가 아니라 새로 시작할 수 있는 존재라는 것이다. 그녀는 "우리는 죽기 위해 태어난 게 아니라, 새로운 시작을 위해 태어났다!"[19]라고 말하면서 인간의 삶 속에 숨어 있는 놀라운 가능성, 즉 '탄생성(natality)'을 강조한다.

'탄생성'이라는 개념은 인간 존재의 가능성을 단순하면서도 강렬하게 나타낸다. 한 인간이 탄생하여 이 세계의 구성원이 된다는 것은 결코 작은 일이 아니다. 아렌트는 이 세상에 존재하는 어떤 누구도 지금껏 살았고 현재 살고 있으며 앞으로 살게 될 다른 어느 누구와도 동일하지 않다고 말한다.[20] 우리 존재는 '탄생성'이라는 사건을 통해 이 세계에 새로운 가능성을 열었으며 자신의 목소리를 담은 이야기를 쓰기 시작하는 것이다.

아렌트의 탄생성 개념은 인간이 새로운 시작을 할 수 있는 능력, 즉 자신의 판단과 행동을 통해 세계에 변화를 일으키고 기여할 수 있는 가능성을 강조한다. 인간은 단순히 주어진 환경에 순응하는 존재가 아니다. 인간은 자신의 고유한 정체성을 드러내고 세계에 참여함으로써 변화를 열어가는 능동적인 주체이다.[21]

한편, 이러한 탄생성은 단순히 홀로 존재하는 개인의 능력만을 의미하지 않는다. 인간의 탄생성은 지극히 개인적인 일이지만 이는 동시에 다른 존재와의 관계 속에서만 실현될 수 있는 일이다. 우리가 타인과 함께하며, 서로의 관점과 경험을 나눌 때, 비로소 자신의 고유성을 드러내고 새로운 세계를 형성할 수 있다. 이러한 점에서,

탄생성은 인간의 다원성(Plurality)을 전제로 한다. 인간은 모든 지상의 존재들처럼 여럿으로 존재할 뿐만 아니라 자신 내면에도 이러한 다원성을 지니고 있다.[22]

여기서 말하는 다원성은 단순히 '우리가 모두 다르다'는 사실을 나타내는 것 이상의 의미를 지닌다. 다원성은 공적 영역에서 시민들의 다양한 관점과 새로운 사유를 촉진하고 더 나은 결정을 이끄는 토대가 된다.[23]

다원성에 대한 이러한 강조는 아렌트가 주장하는 '의견(doxa)'을 바라보는 새로운 관점을 함축한다. 고대 그리스 철학에서 '의견'은 가변적이고 일시적이고 상대적인 것으로, 불변하는 보편적 진리와 대비되는 불완전한 지식으로 간주되었다. 이러한 관점에서 의견은 철학적 탐구의 대상이 아니라 극복해야 할 문제로 간주된다. 하지만 아렌트는 의견에 대한 새로운 관점을 제시한다. 의견은 단순히 진리의 하위 개념이 아니라 정치의 본질적인 핵심 구성 요소가 된다. 정치란 고정된 진리나 절대적 해답을 추구하는 활동이 아니라, 다양한 관점들이 공론장에서 충돌하고 토론하며 새로운 의미와 가치를 창출하는 역동적인 과정인 것이다.

공적 영역은 단순히 다수의 일치가 아니라, 서로 다른 의견이 상호작용하면서 의미 있는 합의를 이루어가는 과정을 필수적으로 요구한다. 시민으로서 이러한 공적 영역을 형성하기 위해서는, 먼저 타인과 나의 동등함과 차이성을 인정하고 존중하는 자세가 필요하다.

아렌트에 의하면 인간의 다원성은 동등성과 차이성이라는 두 가지 특성을 지닌다.[24] 먼저, 동등성은 모든 사람들이 서로의 존재와 목소리를 평등하게 인정하는 기초가 된다. 만약 인간이 서로 동등하지 않다면, 자유롭게 소통하고 서로를 이해하는 것이 어려워진다. 어떤 사람이 공적 공간에서 자신의 의견을 자유롭게 이야기하려면, 그의 의견이 동등한 가치를 지닌다고 여겨질 때만 가능하다. 반면, 차이성은 개별적 인간들이 서로 다른 고유한 특성을 가지고 있음을 의미한다. 이 차이성으로 인해 공적 영역에서 각기 다른 의견과 시각이 존재할 수 있으며, 사람들은 말이나 행위를 통해 서로 다른 사람들에게 자신의 의견을 이해시키는 것이다.[25]

우리의 의견은 서로 다른 관점들과의 상호작용 속에서 형성된다. 이러한 공존이 없다면, 시민의 공적 영역은 모든 의견을 동일하게 일치시켜 버리거나 특정한 의견만이 허용되는 배타적인 공간으로 전락할 위험이 있다. 이런 점에서, 아렌트는 다원성이 사라진 전체주의의 위험성을 지적한다. 즉, "전체주의하에서는 인간의 다원성이 억압되어 모든 사람이 오직 하나의 인간(one man)으로 변하게" 된다는 것이다. 아렌트는 프랑스의 사상가 몽테스키외(Montesquieu)를 인용하면서 전제정치의 핵심이 '고립'에 있다는 점을 강조한다. 전제정치에서는 권력이 백성들로부터 고립되며, 백성들 또한 공포와 의심으로 서로 고립된 상태가 된다. 이러한 공포와 불신은 "함께 행동하기(acting in concert)"를 불가능하게 만들며, 인간을 서로 단절시켜 인간의 복수성과 함께함을 파괴한다.[26] 이러한 맥락에서, 아렌트는 플라톤의 철인 정치(rule of philosophers) 또한 비판한다. 플라톤의 철인 정치는 철학적 진리를 이해하는 소수의 지혜로운 엘리트, 즉 철학자가 국가를 통치해야 한다는 사상에 기반한다. 플라톤은 이를 통해 국가가 감정에 휘둘린 대중의 결정에서 벗어나, 정의와 공동선을 실현하는 방향으로 나아갈 수 있다고 보았다. 그러나 아렌트는 이 도식이 모든 정치적 판단을 철학자라는 소수 엘리트의 기준에 따라 결정하게 만든다고 지적한다. 그 결과, 공적 영역에서 다양한 인간들 간의 소통과 관계가 단절되고, 다원성이 억압된다고 비판한다.[27] 이러한 일원적 지배 구조는 결국 시민들을 정치적 삶에서 소외시키고, 공적 영역에서의 자발적인 의견 교환과 협력을 가로막는다. 특히 전제정치에서는 이러한 고립이 더욱 심화되어, 시민들 간 소통과 협력이 어려워지고, 다양한 의견을 통해 더 나은 의견을 찾아가는 공적 영역을 실현하기 어려워진다.

더 나아가, 아렌트는 다원성의 관점에서 나치가 저지른 유대인 대량 학살이 유대인 추방과는 근본적으로 다른 차원의 범죄라는 점을 지적한다. 두 가지 모두 국가적 범죄라 하더라도 '추방'이 인근 국가들에 대한 물리적 침해를 의미한다면, '대량 학살'은 인류의 다원성 자체를 말살하려는 행위이다. 대량 학살은 무고한 수백만 명의 목숨을 앗아갔다는 것을 넘어, 타자와의 상호협력과 다양성을 바탕으로 유지되었던 인간 공동체의 다원성을 파괴하는 인류적 차원의 범죄 행위라고 할 수 있다.

인간은 본질적으로 관계를 통해 서로를 이해하고, 동등함과 차이성을 인정하며 살아갈 때 비로소 인간다운 삶을 누릴 수 있다. 시민의 공적 영역은 시민의 동등함과 차이성이 존중되고 생생하게 실현되는 공간이어야 한다. 공적 영역은 단순히 사람들이 모여 이야기를 나누는 장소가 아니다. 그것은 다양한 목소리가 어우러지고, 서로 다른 관점이 만나 새로운 가능성을 만들어내는 시민 모두의 공동 영역인 것이다.

06 시민의 공간으로서 공적 영역

○ 함께 만들어가야 할 우리의 공간

한나 아렌트는 '공적'이라는 개념을 두 가지 측면에서 설명하며, 이를 통해 공적 영역의 본질을 선명하게 드러낸다.

첫째, '공적'이란 모든 사람이 볼 수 있고 들을 수 있는 것, 즉 누구나 접근 가능한 영역이라는 것을 의미한다. 이는 공적 영역이 최대한 많은 사람에게 공개되어 투명하게 드러나는 공간임을 강조한다. 즉, 공적 영역은 개인의 행동과 발언이 여러 사람에게 인식되고 평가될 수 있는 무대이다. 공적 영역의 이러한 특성은 사람들이 서로의 의견과 행위를 공유하며 공공성을 형성하는 기반이 된다.

둘째, '공적'은 우리가 공유하는 공동의 세계를 가리킨다. 공적 영역은 개인의 사적 소유나 이익과는 다른 차원의 공간으로, 모두가 함께 속해 있는 우리의 세계다. 이 세계는 시민들이 서로 논의하고 협력하며, 개인의 차원을 넘어선 공동의 관심사와 문제들을 다루는 공간으로 정의된다. 공적 영역은 단순한 물리적 공간이 아니라, 시민들이 적극적으로 참여하고 상호작용하며 공동의 세계를 형성하는 역동적인 실천의 장이다. 이는 사람들이 의견을 나누고 논쟁하며 합의를 이루는 과정 속에서 끊임없이 만들어지고 변화하는 살아 있는 공간이다.[28]

그러나 아렌트가 공적 영역의 중요성을 강조한다고 해서 사적 영역을 부정하는 것은 아니다. 오히려, 그녀는 사적 영역이 인간 삶의 필수적인 조건임을 인정하며, 공적 영역에 온전히 참여하려면

사적 영역의 안정이 반드시 보장되어야 한다고 역설한다.[29]

공적 영역은 다양한 의견과 관점을 가진 시민들이 자유롭게 활동하고 소통하는 열린 공간이다. 중요한 점은, 공적 영역이 자연적으로 주어진 공간이 아니라 인간의 활동에 의해 형성된 인위적 공간이라는 것이다. 이는, 공적 영역이 시민의 존재를 가능하게 하는 기반인 동시에, 시민의 적극적 참여를 통해 공적 영역을 만들어 갈 수 있음을 강조한다.

○ 권리들을 위한 권리

아렌트에 따르면, 평등이나 자유는 인간의 자연적 본성이 아니다. 인간은 평등하게 태어나는 것이 아니라, 본래 불평등한 조건에서 태어난다. 평등은 인간이 만든 공적 영역의 특성으로, 정치적 참여를 통해 인위적으로 획득되는 것이다.[30] 이는 죽음 앞의 평등이나 신 앞의 평등과는 근본적으로 다른 차원으로서, 인간의 능동적인 참여와 결정으로 만들어진 정치적 평등이다.[31]

> 우리는 결코 평등하게 태어나지 않았으며, 평등은 상호 간에
> 동등한 권리를 보장하겠다는 우리의 결정에 따라 한 집단의 구
> 성원으로서 평등하게 되는 것이다.[32]

우리는 흔히 인간이 태어날 때부터 자연적이고 양도할 수 없는 권리를 가진다고 믿는다. 예를 들어, 〈미국 독립선언문(1776)〉과 프랑스 혁명 후 탄생 된 〈인간과 시민의 권리 선언(1789)〉에는 인간의 자연적이고 양도할 수 없는 신성한 권리를 강조한다.

국민의회를 구성하고 있는 프랑스 인민의 대표자들은 인권에 대한 무지, 망각, 또는 멸시가 공공의 불행과 정부의 부패를 초래하는 유일한 원인이라고 생각하여, 인간의 자연적이고 양도할 수 없는 신성한 권리들을 엄숙한 선언으로 제시할 것을 결의한다.

- 〈인간과 시민의 권리 선언〉 -

우리는 다음과 같은 사실을 자명한 진리로 받아들인다. 즉 모든 사람은 평등하게 창조되었고, 창조주는 몇 개의 양도할 수 없는 권리를 부여했으며, 그 권리 중에는 생명과 자유와 행복의 추구가 있다. 이 권리를 확보하기 위하여 인류는 정부를 조직했으며, 이 정부의 정당한 권력은 인민의 동의로부터 유래하고 있는 것이다.

- 〈미국 독립선언문〉 -

인간은 자연적이고 양도할 수 없는 권리를 가지고 태어나는 것일까? 아렌트는, 근대 인권 개념이 보편적이라고 주장하면서도, 실제로는 인권이 특정 정치적 조건과 제도에 의존하고 있다고 지적한다. 인간이 단순히 태어났다는 이유만으로 권리를 보장받는 것은 아니다. 예를 들면, 무국적자나 난민처럼 공적 세계에서 배제된 사람들은 정치적 기반이 없기 때문에 그들의 권리를 주장하고 인정받을 수 없다.

한나 아렌트는 이러한 인권 개념의 한계를 지적하면서 '권리들을 위한 권리(The Right to Have Rights)'라는 개념을 제시한다. 이는 모든 인간이 공적 세계에 접근하고, 그 안에서 자신의 목소리를 낼 수 있는 권리를 의미한다. 공적 영역에서 배제된 사람은 자신의 존재를 드러낼 기회조차 얻지 못하며, 정치적 주체로서의 권리를 행사할 수 없게 된다. 이는 단지 국가를 잃은 난민에게만 해당되는 것이 아니라, 현대 민주주의 국가에서도 공적 영역에서 목소리를 내기 어려운 사회적 약자, 소수자, 빈곤층 등에게도 동일하게 적용될 수 있다.

공적 영역은 단순히 존재하는 것이 아니라, 시민들의 능동적 참여와 활동에 의해 형성되는 인위적 공간이다. 이는 정치적 평등과 자유를 보장하는 기반이 되며, 그 지속과 발전은 시민들의 적극적인 실천에 달려 있다. 공적 영역이 약화되거나 소멸하면, 개인이 보장받는 모든 권리는 실질적 의미를 잃게 된다. 즉, 공적 영역은 단순한 토론의 장을 넘어, '권리들을 위한 권리'가 실현되는 공간이며 시민들이 함께 만들어가야 할 공동의 세계인 것이다.

○ 공적 영역은 무엇을 위해 존재하는가?

아렌트는 근대 이후 새롭게 나타난 사회적 영역의 등장에 대해 우려를 표한다. 여기서 아렌트가 강조하고자 하는 것은 공적 영역이 사적 영역보다 우월하다는 주장이 아니다. 근대사회로 접어들면서, 사적 영역의 문제가 공적 영역에서 중요한 관심사로 떠오르면서 사회적 영역이 형성되었다. 그 결과 사적 영역과 공적 영역 사이의 경계가 흐려지고, 사적인 문제들이 더 이상 사소하거나 하찮게 여겨지지 않게 되었다.

사회적 영역은 본래 공적 영역(정치)과 사적 영역(개인적 삶) 사이에 위치하는 중간 영역으로, 사람들의 생계 문제, 경제적 이해관계, 노동과 같은 주제가 공적으로 논의되고 조정되는 영역을 말한다. 이는 개인적 삶의 문제들이 공동의 관심사가 되면서, 정책적, 제도적 차원에서 중요하게 다루어지게 되었음을 의미한다. 사회적 영역이 형성되기 이전, 고대 그리스에서는 공적 삶과 정치적 참여를 외면

하고 사적인 삶에만 몰두하는 사람을 '어리석은 자(idiot)'라고 불렀
다. 그러나 근대에 들어서면서, 생존과 경제와 같은 사적 영역의 문
제들이 사회적 영역으로 통합되면서 중요한 공적 관심사로 자리 잡
았다. 동시에 사생활(privacy)의 문제도 더 이상 박탈의 상태가 아닌,
보호받아야 할 권리로 새롭게 인식되기 시작했다.

　여기서 아렌트가 진정으로 우려한 것은 사적 영역과 공적 영역
의 구분이 모호해진다는 사실이 아니다. 그녀의 비판은 공적 영역
의 문제들이 사적 영역의 이해관계로 왜곡될 가능성에 초점이 맞춰
져 있다. 아렌트는, 사회적 영역의 부상이 공적 영역의 정치적 문제
들을 사적 이해관계와 경영 원리로 처리하게 만들고, 정치가 경제
적 효율성이나 부의 증진 같은 논리에 종속되는 현실을 초래했다고
지적한다.[33]

> 철저하게 경제화된 현대사회는 정치적 행위의 가능성을 박탈하
> 는 것이다. 우리가 사적 이익만 추구하면 할수록 자신의 고유한
> 정체성은 잃어버리고 시장의 논리에 예속된다. 반면, 우리가 공
> 동의 세계를 구축하기 위해 타인의 관점에 주목하고 존중하면
> 오히려 자신의 관점을 자유롭게 표명할 수 있다.[34]

　아렌트는, 그리스인들이 사적인 삶을 "바보 같은(idiotic)" 것으로
여겼던 이유는 사적인 삶에는 다양성이 드러나기 어렵기 때문이라
고 진단한다.[35] 아니, 사적인 삶에 왜 다양성이 없어? 우리는 아렌
트에게 이런 물음을 던지게 될 것이다. 사적 영역에서도 물론 다양
한 문제들이 있을 것이다. 하지만 아렌트는 이익과 생존이라는 사
적 관심만을 통해서는 인간 공동체를 보다 가치 있고 인간답게 만
들 수 있는 다양한 의견이 제시되기 어렵다고 본다.

> 공동사회의 파괴는 (…) 누구도 자신 이외의 사람들과 협동하고
> 의사소통할 수 없는 조건에서 일어날 수 있다. (…) 타인을 보
> 지도 듣지도 못하고, 타인도 그들을 보지도 듣지도 못한다.[36]

이러한 상황에서 정치란 더 이상 시민들이 함께 논의하며 공동의 세계를 구축하는 행위가 아니라, 단순히 사적 이익을 극대화하기 위한 관리의 문제로 전락한다. 정치가 경제 논리에 지배되는 현대 사회에서는 공공 문제가 경제적 이익과 효율성의 틀 안에서만 해석된다. 그 결과, 공적 영역은 본래의 역할을 상실하고, 시민들의 정치적 행위 가능성은 점점 축소된다.

우리가 단지 사적 이익만을 추구할 때, 자신의 고유한 정체성은 시장의 논리에 예속되고 만다. 반면, 타인의 관점에 귀를 기울이고 공동의 세계를 구축하기 위해 협력할 때, 시민들은 비로소 자유롭게 자신의 목소리를 낼 수 있다.

공적 영역은 다양한 의견들을 가진 시민들이 공존하면서 소통하고 공동선을 모색하는 열린 공간이다. 여기서 시민은 단순히 자신의 이익을 주장하는 것을 넘어, 이웃과 공동체를 위한 가치, 시민의 자유와 권리, 공동체에 대한 봉사와 헌신 등을 고민한다. 따라서, 자기 이익만을 중시하거나 자신의 의견만이 옳다고 주장하는 독선적이고 독단적인 태도는 시민들 간의 소통을 어렵게 만들고 공적 영역을 훼손할 위험이 있다.

그렇다면 공적 영역을 공적 영역답게 만들어가기 위해 시민에게 요구되는 것은 무엇일까? 시민의 역할과 책임을 다한다는 것은 무엇을 의미하는 것일까? 시민다운 시민이 되기 위해 우리에게 요구되는 것은 무엇일까?

07 함께 만들어가는 시민의 자유

공적 영역은 시민들이 서로의 의견을 교환하고, 소통하고 행동함으로써 자유를 실현하는 공간이다. 따라서, 공적 영역이 건강하게 유지되려면 상호 소통과 존중을 바탕으로 시민들의 협력과 연대가 이루어져야 한다. 공적 영역은, 시민들의 소통과 협력을 통해 비로소 살아있는 공간이 된다.

> 세계는 인간에 의해 만들어지기 때문에 인간적인 것이 아니며, 인간의 소리가 그 속에서 들린다고 해서 인간적인 것도 아닙니다. 세계는 대화의 대상이 되고 있을 때만 인간적인 것이 됩니다. 우리가 세계의 사물에 의해 영향을 받는다 할지라도 세계가 아무리 깊게 우리를 감동시키고 자극시킨다 할지라도, 우리가 동료들과 이것에 대해서 논의할 때에만 세계의 사물들은 우리에게 인간적인 것이 됩니다.37

세계는 단순히 존재하는 것이 아니라 시민들이 공적 영역에서 대화를 통해 관계를 맺고, 문제를 해결하며 함께 만들어가는 과정에서 비로소 인간적인 공간으로 거듭난다. 이러한 맥락에서 시민의 자유는 혼자 누릴 수 있는 것이 아니라, 타인과의 소통과 공존을 통해 비로소 실현될 수 있다.

이러한 소통과 논의는 시민의 사유를 전제로 한다. 사유가 바탕이 될 때, 공적 영역에서의 시민의 자유는 단순한 권리 행사를 넘어, 인간다운 사회를 만드는 동력이 된다. 하지만 '사유'라는 것이 쉽게 발휘될 수 있는 것은 아니다. 우리는 종종 스스로 사유하고 있다고 여기지만, 실제로는 능동적으로 사고하기보다 익숙한 관념이나 외부의 명령에 의존할 때가 많다. 아렌트는 이러한 사유의 부재, 즉 무분별한 상태에서 혼란에 빠지거나 공허한 진리를 무비판적으로 반복하는 현상이 현대 사회에서 두드러진다고 지적한다.[38]

사유는 단순히 지식을 축적하거나 산출하는 과정이 아니라, 자신의 행위가 갖는 의미를 비판적으로 성찰하고, 타인의 관점을 고려하며, 책임 있는 결정을 내리는 능력이다. 사유는, 나와 나 자신 사이에서 이루어지는 소리 없는 대화의 본질적 조건이다.[39] 아렌트는 소크라테스를 인용하면서 사유를 자신과의 무언의 대화, 즉 '하나 가운데 둘의 대화(two-in-one)'로 정의한다.[40]

> 우리는 "자기 자신과 일치하기를" 원한다. 자기 자신과의 모순에 대한 두려움은 우리들 각자가 "하나이지만" 그와 동시에 마치 둘인 것처럼 자기 자신과 대화를 나눌 수 있다는 사실에서 비롯된다. 나는 적어도 내가 생각할 때에는 이미 하나-가운데 둘(two-in-one)이기 때문에 내 안에서 친구를 경험한다. 이는 '다른 자아'로서의 경험이다. 자기 자신과 대화해 본 사람만이 친구일 수 있다. 즉 다른 자아를 가질 능력이 있다. 그 조건은 자기 자신과 한 마음이 되는, 즉 자기 자신과 일치를 이룬다는 것이다. 왜냐하면 자기 자신과 모순을 일으키는 사람은 믿을 수 없기 때문이다.[41]

소크라테스는 자신의 사유 과정을 묘사하면서 흥미로운 비유를 사용한다. 그는 집에 돌아가면 항상 '아주 지독한 동료'가 자신을 기다리고 있다고 말한다. 여기서 그 지독한 동료는 그의 내면적인 사유, 즉 스스로를 철저히 분석하고 성찰하는 자신의 마음을 의미한다. 이 지독한 동료는 소크라테스의 생각과 행동을 비판적으로 검토하면서 끊임없이 질문을 던진다. 이러한 과정을 통해 그는 다양한 관점을 탐구하고 스스로 성찰하면서, 자신의 생각을 끊임없이 검토한다. 소크라테스의 이러한 비유는 스스로와의 대화를 통해 사유의 깊이를 확장하고 성찰하는 태도를 강조한다. 이처럼 사유는 고립된 내면적 활동이 아니라 자신과의 대화 속에서 끊임없이 성찰하는 역동적인 과정이다.

공적 영역은 단순히 의견을 표명하는 공간을 넘어, 시민의 자유와 책임이 실현되는 장이다. 아렌트는 시민의 자유를 타인과 함께 행동하고, 의견을 교환하며 새로운 현실을 만들어가는 능동적인 행위로 정의한다. 즉, 시민의 자유는 자신과의 비판적 대화와 타인과의 소통을 통해 공동의 문제를 논의하고 해결하는 과정에서 실현되는 것이다.

아렌트는 공적 영역이 본래의 기능과 역할을 잃어가는 것을 '땅거미가 진다.' 혹은 '공적 영역이 어두어진다.'고 표현한다. 아렌트에 따르면, 공적 영역의 쇠퇴는 단지 침묵 속에서 진행되는 것이 아니라, 허위 정보, 현실 왜곡, 그리고 과도하게 낙관적인 공표가 그 공간을 채울 때 심화된다.[42] 즉, 거짓된 정보와 왜곡된 현실이 공적 영역을 장악함으로써 시민들의 판단이 흐려지고, 다양한 관점과 의견이 억압되면서 시민들 간의 활발한 소통과 논의가 어려워진다. 또한 시민들이 공적 영역에 무관심하거나 참여하지 않을 때, 그 침묵의 공간은 허위 정보와 왜곡된 현실로 채워지며 악순환이 지속된다. 이러한 상황에서는 진정한 사유와 토론이 이루어지기 어렵고, 시민의 책임과 자유 또한 위축될 수밖에 없다. 이러한 아렌트의 지적은 공적 영역에서 시민의 자유를 실현하기 위해서는 시민의 깊이 있는 사유와 관심 그리고, 능동적인 참여가 필수적임을 보여준다.

아렌트는 스스로를 정치평론가라고 부르는 것을 선호했고 정치철학자라는 표현에는 부담을 느꼈다고 한다. 플라톤 이래로 철학은 불변하는 보편적 진리를 탐구하는 학문 영역으로 여겨져 왔다. 그러나 아렌트는 정치가 이러한 철학적 진리의 영역이 아니라 다양한 의견이 충돌하고 조정되는 영역이라고 보았다. 그녀에게 정치는 하나의 절대적 진리를 강요하거나 하나의 유일한 해답만을 도출하는 활동이 아니라, 다양한 의견이 공존하고 상호작용하며 새로운 의미와 가치를 형성해 가는 역동적인 과정이다.

그런데 흥미롭게도 공적 영역에 대한 관심을 통해, 우리는 정치와 철학적 사유가 만나는 지점을 발견할 수 있다. 철학(Philosophy)은 본래 '지혜(Sophia)에 대한 사랑(Philo)'을 의미한다. 이러한 맥락에서, 아렌트가 말하는 정치는 단순한 힘의 행사가 아니라, 사유와 소통을 강조하는 철학적 성격을 지닌다. 시민의 자유의 핵심인 정치적 참여는 자신의 목소리만을 옳다고 주장하는 독선과 독단을 넘어, 공적 영역에서 열린 마음으로 타인의 관점을 배우고 서로 소통하며 함께 문제를 해결하는 과정을 포함한다. 이러한 시민의 자세야말로 지혜를 사랑하는 실천적 태도를 보여주는 것이라 할 수 있다.

미주 __ Endnote

1   H. Arendt, 김선욱 역 (2018), 『예루살렘의 아이히만』, 파주: 한길사, 349.

2   H. Arendt, 홍원표 역 (2004), 『정신의 삶 1』, 파주: 푸른숲, 17.

3   H. Arendt, 김선욱 역 (2018), 『예루살렘의 아이히만』, 파주: 한길사, 391.

4   H. Arendt, 김선욱 역 (2007), 『정치의 약속』, 파주: 푸른숲, 211-212.

5   H. Arendt, 김선욱 역 (2002), 『칸트 정치철학 강의』, 서울: 푸른숲, 74.

6   H. Arendt (1971), "Thinking and Moral Considerations: A Lecture", *Social Research*, AUTUMN 1971, Vol. 38, No. 3, 417-446.

7   H. Arendt, 서유경 역 (2019), 『책임과 판단』, 서울: 필로소픽, 166.

8   H. Arendt, 서유경 역 (2019), 『책임과 판단』, 서울: 필로소픽, 161.

9   H. Arendt, 서유경 역 (2019), 『책임과 판단』, 서울: 필로소픽, 280-281.

10 H. Arendt, 서유경 역 (2019), 『책임과 판단』, 서울: 필로소픽, 100-101.

11 H. Arendt, 김선욱 역 (2018), 『예루살렘의 아이히만』, 파주: 한길사, 74.

12 H. Arendt, 이진우·태정호 공역 (2003), 『인간의 조건』, 파주: 한길사, 55-67.

13 H. Arendt, 이진우·태정호 공역 (2003), 『인간의 조건』, 파주: 한길사, 56.

14 H. Arendt, 이진우·태정호 공역 (2003), 『인간의 조건』, 파주: 한길사, 260.

15 H. Arendt, 이진우·태정호 공역 (2003), 『인간의 조건』, 파주: 한길사, 78-82.

16 I. Berlin, 박동천 역 (2019), 『자유론』, 파주: 아카넷, 339-424.

17 H. Arendt, 서유경 역 (2005), 『과거와 미래 사이』, 파주: 푸른숲, 196-233.

18 H. Arendt, 서유경 역 (2005), 『과거와 미래 사이』, 파주: 푸른숲, 199-200.

19 H. Arendt, 이진우·태정호 공역 (2003), 『인간의 조건』, 파주: 한길사, 311.

20 H. Arendt, 이진우·태정호 공역 (2003), 『인간의 조건』, 파주: 한길사, 57-60.

21 H. Arendt, 이진우·태정호 공역 (2003), 『인간의 조건』, 파주: 한길사, 238-239.

22 H. Arendt, 김선욱 역 (2007), 『정치의 약속』, 파주: 푸른숲, 49-52.

23 H. Arendt, 김선욱 역 (2007), 『정치의 약속』, 파주: 푸른숲, 132-133.

24 H. Arendt, 김선욱 역 (2007), 『정치의 약속』, 파주: 푸른숲, 160; H. Arendt, 이진우·태정호 공역 (2003), 『인간의 조건』, 파주: 한길사, 235.

25 H. Arendt, 이진우·태정호 공역 (2003), 『인간의 조건』, 파주: 한길사, 235-239.

26 H. Arendt, 이진우·태정호 공역 (2003), 『인간의 조건』, 파주: 한길사, 265.

27 H. Arendt, 이진우·태정호 공역 (2003), 『인간의 조건』, 파주: 한길사, 288.

28 H. Arendt, 이진우·태정호 공역 (2003), 『인간의 조건』, 파주: 한길 그레이트 북스, 102-105.

29 H. Arendt, 이진우·태정호 공역 (2003), 『인간의 조건』, 파주: 한길 그레이트 북스,

118.

30 H. Arendt, 홍원표 역 (2017), 『혁명론』, 파주: 한길사, 98.

31 H. Arendt, 이진우·태정호 공역 (2003), 『인간의 조건』, 파주: 한길사, 278–279.

32 H. Arendt, 박미애 역 (2017), 『전체주의의 기원 I』, 파주: 한길사, 540.

33 H. Arendt, 홍원표 역 (2017), 『혁명론』, 파주: 한길사, 412.

34 H. Arendt, 이진우·태정호 공역 (2003), 『인간의 조건』, 파주: 한길사, 106.

35 H. Arendt, 김선욱 역 (2007), 『정치의 약속』, 파주: 푸른숲, 171.

36 H. Arendt, 이진우·태정호 공역 (2003), 『인간의 조건』, 파주: 한길사, 132.

37 H. Arendt, 홍원표 역 (2019), 『어두운 시대의 사람들』, 파주: 한길사, 24.

38 H. Arendt, 이진우·태정호 공역 (2003), 『인간의 조건』, 파주: 한길사, 54.

39 H. Arendt, 서유경 역 (2019), 『책임과 판단』서울: 필로소픽, 194.

40 H. Arendt, 김선욱 역 (2007), 『정치의 약속』, 파주: 푸른숲, 53.

41 H. Arendt, 김선욱 역 (2007), 『정치의 약속』, 파주: 푸른숲, 48–49.

42 H. Arendt, 서유경 역 (2019), 『책임과 판단』, 서울: 필로소픽, 73.

6

미래 세대와 함께 살아가기

우리는 자연에 대한 존엄성, 인권, 경제적 정의, 평화의 문화를 근거로 한
지속 가능한 인류를 위하여 함께 힘을 합쳐야 한다.
이 목표를 이루기 위하여 우리는 개인과 사회
그리고 미래의 후손들에게 우리의 책임을 선언해야만 한다.

- 〈지구헌장(Earth Charter, 2000.06.29.)〉 중에서 -

01 미래 세대가 미래 세대에게: 우리는 모두 미래 세대이다!

200년 후 미래 세대들은 어떻게 살아가고 있을까? 그들이 살아가는 지구는 어떤 모습일까? 그런데, 미래 세대들이 현재 우리 세대를 대상으로 소송을 제기한다면 그 이유는 무엇일까?

지난 2020년 3월 한국에서는 미래 세대 청소년들이 대한민국 정부를 상대로 미래 세대의 기본권 침해를 이유로 기후 소송을 제기하였다. '청소년 기후 행동' 회원 19명이 제기한 기후 헌법소원은 정부의 온실가스 감축 목표가 미흡해 미래 세대인 청소년들의 생명권, 행복추구권, 환경권, 평등권, 인간다운 생활을 할 권리 등을 침해한다는 내용을 담고 있다. 이후 4년 5개월만인 2024년 8월 29일, 헌법재판소는 정부의 기후 대응이 일부 헌법에 어긋난다는 결정을 내렸다. 헌법재판소는 한국 정부의 기후 위기 대응을 위한 탄소중립·녹색성장 기본법 제8조 제1항이 헌법에 합치하지 않는다고 결정했는데, 이는 2031년에서 2049년까지의 감축 목표가 없어 미래 세대에게 과중한 부담을 안겨준다는 이유에서였다.[1] 이는 기후변화로 인한 극심한 기상 이변, 해수면 상승, 생태계 파괴 등으로 미래 세대가 경제적, 사회적, 환경적 어려움을 겪게 되고, 그 결과 지속 가능한 삶의 터전과 기본권을 보장받지 못할 수 있다는 것을 의미한다.

이와 유사한 사례는 네델란드와 독일에서도 찾아볼 수 있다. 네델란드에서는 2015년 Urgenda 재단과 886명의 시민들이 네델란드 정부를 상대로 기후변화 대응 미흡을 이유로 소송을 제기한 바 있다. 헤이그 지방 법원은 2015년 판결에서, 네델란드 정부가 2020

년까지 온실가스 배출량을 1990년 대비 최소 25% 이상 줄여야 한다고 판결하며 정부의 기후정책이 불충분하다고 지적했다. 이후 이 판결은 네덜란드 대법원까지 이어졌고, 2019년 대법원은 하급심 판결을 확정하며, 기후변화 대응이 인간의 생명과 생활권을 보호할 정부의 의무임을 재확인했다.[2]

한편 2021년 독일 연방헌법재판소는 2030년까지 온실가스 배출량을 1990년 대비 55% 이상 줄이도록 규정한 연방 기후변화법이 2030년 이후 목표를 충분히 제시하지 않아 미래 세대의 권리를 침해한다며 일부 위헌이라는 결정을 내렸다. 이에 독일 연방정부와 의회는 법을 개정해 2030년 감축 목표를 55%에서 65%로 상향하고, 2040년 목표를 새롭게 88%로 설정하였다. 또한, 탄소중립 시기도 2050년에서 2045년으로 앞당겼다.[3]

이러한 사례들은 기후변화에 대응하지 않을 경우, 미래 세대의 권리가 침해될 수 있음을 보여준다. 그러나, 이 문제는 단지 '타인'이나 '미래'의 이야기만은 아니다. 우리 역시 과거에 미래 세대였고, 앞으로 태어날 미래 세대도 같은 이 지구에서 살아갈 것이기 때문이다. 결국 미래 세대의 문제는 곧 현재를 사는 우리의 문제이기도 하다. 미래 세대는 그들의 현재와 미래의 삶을 지키기 위해 목소리를 내고 있다. 그들의 목소리는 바로 우리의 목소리이고 그들이 살아갈 미래 지구는 바로 우리가 살아가는 지구이기도 하다. 그렇다면 우리가 살아가는 이 지구는 어떤 모습일까?

02 환경 문제, 숫자로 보는 충격적인 현실

자, 눈을 감고 상상해보자. 아침에 마신 커피 한 잔, 편리하게 사용한 플라스틱 빨대 하나가 지구 반대편의 바다 거북에게 어떠한 영향을 미칠까? 우리의 일상은 작은 퍼즐 조각처럼 보일지 모르지만, 이 조각들이 모여 생태계라는 거대한 그림을 만든다. 문제는, 그 그림이 점점 더 어두워지고 황폐해지고 있다는 것이다.

환경 문제의 심각성은 뉴스에서 자주 접할 수 있다. "환경 문제가 심각하다"는 말은 익숙하지만, 우리는 그 실상을 체감하기 어렵다. 자, 이제부터 숫자로 드러나는 환경 파괴의 현실을 함께 확인해보자.

매년 1,200만 톤의 플라스틱이 바다에 버려진다.[4]
버려지는 플라스틱을 단순히 축구장 크기로 환산하면, 매년 50개 이상의 축구장이 플라스틱 쓰레기로 뒤덮이는 셈이다. 이러한 쓰레기는 해양 생태계를 위협하고, 어류와 해양 동물들의 생명을 빼앗고 있다.

4억 3,000만 톤: 매년 전 세계에서 생산되는 플라스틱의 양[5]
4억 3,000만 톤은 코끼리 약 6,200만 마리의 무게와 같다. 또한, 이는 전 세계 인구(약 80억 명) 모두에게, 1인당 54kg의 플라스틱을 나눠줄 수 있을 만큼 막대한 양이다. 놀라운 사실은 이 중 절반 이상이 한 번 쓰고 버려지는 일회용품이라는 점이다. 평균 5분 내로 사용되는 플라스틱 빨대, 컵, 포장지 등이 분해되는 데는 수백 년이 걸린다.

매년 약 100만 마리의 바닷새와 10만 마리의 해양 동물이 플라스틱 오염으로 죽어간다.[6]

플라스틱 조각을 먹이로 착각한 새와 바다거북, 혹은 플라스틱 줄에 얽힌 고래와 돌고래들은 결국 서서히 죽어간다. 1960년대에는 바닷새 중 불과 5% 미만에서만 플라스틱이 검출되었지만, 20년 뒤에는 무려 80%의 바닷새 위장에서 플라스틱이 발견되었다. 플라스틱은 단순한 쓰레기가 아니라 생태계를 위협하는 치명적 독소가 된다. 이러한 플라스틱 잔해로 인해, 매년 100만 마리 이상의 바닷새와 10만 마리 이상의 해양 포유류가 사망하는 것으로 과학자들은 추정하고 있다.

13억 톤의 쓰레기, 굶주림으로 인한 사망 7억 명

유엔 식량농업기구(FAO)의 보고서에 따르면, 매년 전 세계에서 약 13억 톤의 식량이 손실되거나 낭비되며, 이는 전 세계 식량 생산량의 약 3분의 1에 해당한다. 한편, 2022년 기준으로 전 세계에서 굶주림을 겪는 인구는 약 7억 명이다. 이는, 전 세계 토지의 3분의 1이 농작물 재배와 가축 생산에 사용되고 있음에도 불구하고, 식량 불평등이 심화되고 있음을 보여준다. 동시에 농경지 확대와 가축 사육을 위한 무분별한 개발이 지속되면서, 산림이 벌목되고 자연 서식지가 사라지는 등 환경 파괴가 가속화되고 있다.[7]

500년: 폐기된 플라스틱이 자연에서 사라지는 데 걸리는 시간

현재까지 생산된 모든 플라스틱의 98%가 여전히 지구 어딘가에 쌓여 있다. 플라스틱은 자연에서 완전히 분해되지 않으며, 최소 500년 동안 미세 플라스틱 형태로 남아 환경에 영향을 미친다. 또, 낚시줄의 분해시간은 600년, 스티로폼은 500년 이상의 시간이 걸린다.

축구장 3천여 개의 숲

브라질 인간 환경연구소인 이마존(Imazon)은 작년 한 해 동안 훼손된 아마존 숲이 1만 573㎢라고 밝혔다. 하루에 무려 축구장 3천 개에 달하는 정글이 사라지는 셈이다. 최근 4년 동안 누적된 삼림 벌채 면적은 3만 5천㎢로, 한국 면적의 3분에 1에 달하는 수준이다.[8]

이 숫자들은 단순한 통계가 아니다. 우리의 미래를 위협하는 경고다. 우리가 사용하는 플라스틱 컵 하나, 비닐봉지 하나가 어디로 가는지 고민해 본 적이 있는가? 사소한 습관들이 모여 환경에 치명적인 영향을 끼치고 있다.

그런데 인류의 터전인 이 지구가 왜 이렇게 되었을까? 이 모든 문제가 시작된 배경에는 인간과 자연의 관계를 바라보는 우리의 관점이 자리 잡고 있다. 인간은 오랫동안 자연을 단지 이용할 자원으로 여기며, 이를 마음대로 착취해 왔다. 이러한 태도는 오늘날 우리가 직면한 환경 위기를 초래했다.

그렇다면, 인류는 왜 자연을 자신의 소유물로 여기게 되었을까? 인간과 환경의 관계를 바라보는 근본적인 관점, 인간중심주의를 살펴보는 것은 이 질문에 대한 답을 찾는 데 중요한 단서가 될 것이다. 이제 환경과 인간의 관계를 다시 돌아볼 시간이다.

○ 인간중심주의

우리는 종종 자연을 '인간을 위한 것'으로 생각한다. 우리는 깨끗한 공기, 풍부한 자원, 아름다운 풍경까지, 이 모든 것이 마치 인간을 위해 준비된 선물이라고 여긴다. 그런데 이런 생각이 바로 인간중심주의에서 비롯된 것이다. 이처럼 인간중심주의는 우리에게 너무나 익숙한 생각이다. 즉, 인간중심주의는 자연이 인간을 위해 존재한다고 보는 관점이다. 예를 들어, 고대 철학자 아리스토텔레스(Aristoteles)는 "자연이 아무것도 불완전하게 만들지 않고, 또한 헛되게 만들지 않는다면, 자연은 그 모든 것을 인간을 위해 필연적으로 만든 것이어야 한다."고 말하면서 자연은 인간의 삶을 돕는 도구라고 주장했다.[9]

데카르트(R. Descartes)는 합리적 이성을 인간 존재의 핵심으로 보았고, 인간만이 사고할 수 있는 존재라고 주장했다. 그의 사상에 따르면, 동물은 이성과 감정을 지닌 존재가 아니며, 단지 '기계적 자동 장치'와 같은 존재이다.[10] 즉, 데카르트는 동물의 움직임과 행동이 단순한 기계적 반응에 불과하다고 보면서, 고통스러워 보이는 동물의 반응도 실제로 고통을 느끼는 것이 아니라 신체적 반사 작용에 불과하다고 설명했다. 이러한 인간중심주의적 주장은 동물의 도구적 활용을 정당화하는 기반이 되었고, 인간이 동물을 마음대로 이용하거나 실험에 활용하는 태도로 이어지기도 했다.

칸트(I. Kant)는 "인간만이 특별한 존재"라고 말하며 인간중심주의적 관점을 드러낸다. 그의 논리는 명료하다. 인간은 이성을 갖추고 합리적으로 사고할 수 있는 유일한 존재이며, 도덕적 판단을 할 수 있다는 점에서 자연과 구별된다는 것이다. 따라서 자연은 인간의 목적을 이루기 위한 배경이나 도구에 불과하다고 본다. 예를 들어, 이러한 관점에서는 나무 한 그루를 보더라도 "이 나무는 그늘을 제공하거나 목재로 쓰이는 등 인간에게 유익할 수 있겠네"라고 생각하게 된다.

그렇다고 이런 인간중심주의적 사고가 항상 자연이나 동물을 훼손하는 행동으로만 이어지는 것은 아니다. 예를 들면, 칸트는 동물을 대할 때 함부로 때리거나 학대하지 말라고 말한다. 그러나 이 이유가 동물 자체를 존중해서가 아니라, 그러한 행위가 인간의 도덕성을 해치기 때문이라고 본다.11 다시 말해, 동물을 함부로 대하는 사람은 결국 인간을 대할 때도 비도덕적일 가능성이 높기 때문에, 인간의 도덕적 성장을 위해서라도 동물을 배려해야 한다는 것이다.

칸트의 이러한 관점은 동물과 자연을 인간의 목적에 부속된 존재로 보는 인간중심주의적 사고의 한계를 보여준다. 즉, 동물을 대하는 태도조차 인간 자신을 위한 도덕적 수양의 일부로 간주하는 것이다.

인간중심주의는 인류 역사에서 인간의 발전에 상당한 기여를 해왔다. "자연을 활용하자!"라는 생각을 바탕으로 인류는 농업, 과학기술, 산업을 발전시켜 왔고, 우리는 훨씬 편리한 삶을 누릴 수 있게 되었다. 하지만, 이러한 발전의 이면에는 자연 파괴와 생태계의 위기라는 심각한 부작용이 존재한다. 자연을 단순히 도구나 자원으로 여기는 태도는 지구의 한계를 넘어서게 만들었고, 그 결과

오늘날 우리는 기후 변화, 생물 다양성 감소, 환경오염과 같은 중대한 문제에 직면하고 있다.

이제 우리는 인간중심주의에서 벗어나 다시 질문해야 한다. 그동안 우리는 이러한 인간중심주의적 사고를 너무나 당연하게 생각해온 것은 아닐까? 자연은 정말 인간만을 위한 것일까? 인간의 관점에서 보면 나무는 그저 베어내어 사용하는 자원일 수 있지만, 지구 환경이라는 더 큰 그림에서 보면 나무 한 그루도 생태계 전체에 중요한 역할을 하는 것은 아닐까?

○ 동물에게도 복지를!

우리는 동물을 보면서 '맛있는 고기'나 '귀여운 반려동물'을 떠올릴 것이다. 하지만 싱어(P. Singer)는 우리에게 이렇게 물을 것이다. "고양이나 강아지를 사랑하면서 돼지나 소는 왜 밥상에 올리나요?" 싱어가 이렇게 말하는 이유는 동물도 인간처럼 기쁨과 슬픔, 고통을 느낄 수 있는 존재라는 데 있다. 그의 주장은 간단하면서도 강력하다. "고통받는 능력이 있다면, 그 고통을 무시해서는 안 된다!" 그리고 싱어는 고통을 느낄 수 있는 존재의 이익을 동등하게 고려해야 한다는 '**이익평등 고려의 원칙**(principle of equal consideration of interest)'을 제안한다.

이익 평등 고려의 원칙이란, 고통을 느낄 수 있는 모든 존재의 이익을 공평하게 고려해야 한다는 원칙이다. 다시 말해, 인간과 동물이 다르다는 이유로 동물의 고통을 무시하거나 덜 중요하게 여겨서는 안 된다는 것이다. 싱어는 고통을 느낄 수 있는 능력이 동물권리의 핵심이라고 말한다. 자, 당신이 어떤 고통을 느낄 때를 상상해 보라. 돌에 걸려 넘어져 다리가 부러졌을 때, 누군가가 때려 얼굴에 상처가 났을 때 당신은 어떠한 느낌이 드는가? 아프고, 두렵고, 피하고 싶다는 본능적인 반응이 생길 것이다. 인간은 이러한 고통을 피하려고 노력한다. 동물 역시 마찬가지이다. 동물들도 고통을 느끼며, 그것을 피하려 애쓴다. 하지만 인간은 자신이 고통받는 것에는 민감하면서, 동물들이 느끼는 고통에는 둔감하다. 인간은 동물을 다르게 대하며, 자신만의 기준으로 그들의 고통을 평가한다.

싱어는 이러한 태도를 '**종 차별주의**(speciesism)'라고 부르며, 이를 인종차별이나 성차별처럼 부당한 차별로 지적한다.[12] 싱어는 인간이 동물의 고통을 외면하지 않고, 도덕적 고려의 기준을 일관되게 적용해야 한다고 주장한다. "고통을 느낄 수 있다면, 그 고통을 무시해서는 안 된다."라는 그의 주장은 도덕적 고려의 대상에 대한 우리의 관점을 새롭게 돌아보게 한다.

그렇다면 여러분은 이런 생각이 들 것이다. "어떻게 인간과 동물이 같은 수가 있어? 당연히 다르지!" 인간중심주의에 익숙한 우리에게는 동물의 권리를 고려해야 한다는 것이 낯설고 복잡한 문제처럼 느껴질 수 있다. 그런데, 싱어가 주장하는 것은 인간과 동물을 똑같이 대우하라는 것이 아니다. 예를 들어, 말에게 언론의 자유를 보장하고 선거권을 주자는 이야기가 아니다. 이익 평등 고려의 원칙은 평등한 대우(equal treatment)와 다르다. 예를 들어, 한 아이와 한 마리의 고양이가 있다고 가정해보자. 아이는 배가 고프고, 고양이도 배가 고프다. 이 상황에서 이익 평등 고려의 원칙은 아이와 고양이 모두의 배고픔을 고려해야 한다고 말한다. 하지만 아이와 고양이의 배고픔을 고려한다고 해서 아이와 고양이에게 같은 음식을 주라는 것은 아니다. 중요한 것은 배고픔이라는 고통을 같은 수준으로 고려하고, 각자에게 적절한 방식으로 해결책을 제공하는 것이다. 즉, 고통을 느낄 수 있는 모든 존재의 이익을 각 존재의 필요와 상황에 맞게 동등하게 평가하고 고려하라는 것이다.

이제 싱어의 주장에 동의하는가? 당신은 여전히 싱어의 주장에 의문을 품으면서 이렇게 질문할 수도 있을 것이다. "동물들도 서로 잡아먹는데, 인간이 동물을 잡아먹지 못할 이유가 어디 있어?" 싱어는 이와 같은 주장을 '프랭클린의 반대'라고 부르며 이를 반박한다. 프랭클린은 자서전에서 한때 자신이 채식주의자였지만 친구가 막 잡은 생선을 요리하는 모습을 보게 된 이야기를 들려준다. 생선을 손질하는 과정에서 뱃속에 더 작은 생선이 들어 있는 것을 본 그는 '동물도 서로 잡아먹는다'는 사실을 떠올리며 인간 역시 동물을 먹어도 괜찮다는 결론에 이르렀다는 것이다. 당신은 프랭클린의 이러한 논리에 찬성하는가? 하지만 싱어는 이 주장에 반대한다. 그는 대부분의 육식동물은 살아남기 위해 다른 동물을 먹어야만 하는 환경에서 살아가고 있지만 인간은 그렇지 않다고 지적한다. 현대사회에서 인간은 생존을 위해 반드시 동물 고기를 먹을 필요가 없다는 것이다.[13]

"동물의 권리를 보장해 주기 위해 우리는 무엇을 할 수 있을까?" 인간이 동물의 고통을 줄일 수 있는 선택이 있다면, 마땅히 그 선택을 해야 하지 않을까? 그렇다면, 동물의 고통을 줄이는 방법에는 어떤 것들이 있을까? 인간은 오랜 세월 동안 동물을 이용해 생계를 유지하며 동물을 통해 음식을 제공받으면서 살아왔다. 이런 현실을 고려할 때 동물에게 전혀 고통을 주지 않고 살아가는 것은 쉽지 않은 일이다. 그렇기에 우리는 동물을 전혀 이용하지 않는 방법보다는 동물의 고통을 가능한 한 최소화할 수 있는 방안을 고민하고 실천하도록 노력할 필요가 있다.

한 가지 예로, 불필요한 동물 실험을 줄이고 대안을 적용하는 방법을 떠올릴 수 있다. 동물 실험 규정에서는 〈3R 원칙〉을 도입하여 동물의 고통을 줄이는 기준을 마련하고 있다. 〈3R〉원칙은 다음 세 가지 요소를 포함한다. **첫째, 대체**(Replacement) 원칙으로서, 가능한 경우 동물 대신 대체 방법(예: 컴퓨터 모델, 세포 배양)을 사용해야 한다는 것, **둘째, 감소**(Reduction) 원칙으로서 실험에 사용되는 동물의 수를 최소화해야 한다는 것, **셋째, 고통완화**(Refinement) 원칙으로서 실험 과정에서 동물이 겪는 고통과 스트레스를 최소화하도록 실험 방법과 환경을 개선해야 한다는 것이다. 이러한 취지에서 EU에서는 2013년 화장품 개발을 위한 동물 실험을 전면 금지하는 법안을 통과시키며 동물 복지를 강화하고 있다. 이 법안은 화장품 개발 과정에서 동물 실험을 금지하고, 대체 기술의 연구와 사용을 의무화하고 있다.

싱어의 주장이 부담스러운가? 우리는 꼭 완전한 채식주의자가 될 필요는 없다. 대신, 동물 복지를 생각하며 환경과 윤리에 맞는 선택을 할 수 있다. 예를 들어, 공장식 축산에서 생산된 고기를 피하거나, 동물 실험을 거친 제품을 사용하지 않는 작은 실천만으로도 의미 있는 변화를 만들어낼 수 있다.

○ 대지의 윤리: 자연과 함께하는 새로운 동행

대지의 윤리는 자연과 인간의 관계를 새롭게 정의하는 목소리를 담고 있다. 기존에는 자연을 '인간을 위한 자원'으로만 바라봤다면, 대지의 윤리는 자연 역시 도덕적 고려의 대상이 되어야 한다고 주장한다. 대지의 윤리에 따르면, 땅과 나무, 동물, 강, 심지어 바람까지도 우리와 함께 살아가는 생태계의 동료이며, 윤리적 고려의 대상이 되어야 한다.

"아니, 나무, 땅, 바다에게도 윤리가 적용된다고?" 우리는 이렇게 물을 수 있을 것이다. 그런데 대지의 윤리를 주장한 레오폴드(A. Leopold)는 이렇게 대답할 것이다. "네, 그렇지요. 우리는 땅과 자연을 단순히 이용하는 대상이 아니라, 함께 살아가는 존재로 봐야 합니다!"

레오폴드는 "윤리는 공동체를 위한 것"이라고 말하면서, 우리가 흔히 '공동체'를 인간에게만 국한하고 있다는 사실을 문제로 지적한다. 그는 인간뿐 아니라 동물, 식물, 흙, 물 등 대지 전체를 포함하는 더 넓은 공동체를 제안하며, 이러한 확장된 공동체 전반에 윤리가 적용되어야 한다고 주장한다.[14]

대지의 윤리에서 인간은 자연의 정복자가 아니라 대지 공동체의 한 구성원일 뿐이다. 레오폴드는 인간이 자연을 지배하기보다, 자연과 친구가 되어야 한다고 말한다. 친구는 서로를 이용하는 관계가 아니라, 서로를 존중하고 돌보는 존재이다. 따라서 레오폴드는 '대지와 친구가 되는 법'을 제안하며, 인간이 자연과 조화롭게 살아갈 수 있는 방향을 제시했다.

여기서 우리는 '대지의 윤리'가 주는 메시지에 귀 기울일 필요가 있다. 레오폴드의 주장은 단순히 자연을 보호하자는 이야기가 아니다. 그가 강조한 건 우리의 생존이 대지와 긴밀히 연결되어 있다는 점이다. 대지의 윤리가 우리에게 묻는 것은 다음과 같은 것이다. "땅과 자연을 소비할 대상이 아니라, 함께 살아가는 동료로 바라볼 수 있겠는가?"

그렇다면, 레오폴드의 주장을 인간의 삶에서 완벽하게 실천할 수 있을까? 자연을 전혀 훼손하지 않으면서 인간이 살아갈 수 있을까? 숲에서 나무를 한 그루도 베지 않고 살아갈 수 있을까? 대지의 윤리는 인간이 자연을 이용해서는 안 된다고 주장하는 것이 아니다. 대지의 윤리는, 인간이 대지 공동체의 일부로서 자연을 '이용'하되 그 과정에서 대지 공동체의 구성원(토양, 물, 동식물 등)에 대한 책임을 잊지 않아야 한다는 것을 강조한다.

레오폴드는 "어떤 행위가 대지 공동체의 '온전함, 안정성, 아름다움'을 유지·증진시킨다면 옳고, 그렇지 않다면 그르다."라고 말한다.[15] 이러한 관점에서 우리는 자연 환경과 생물들을 인간을 위해 사용되고 버려지는 도구로 여길 것이 아니라 그들을 돌보고 존중하면서 함께 살아가는 방식에 대해 고민해야 한다. 예를 들면, 농업을 할 때도 토양을 황폐화시키지 않고, 지속 가능한 방식으로 자연을 돌볼 수 있어야 한다는 것이다. 이러한 점에서 대지의 윤리는 자연을 전혀 사용하지 않는 것이 완벽한 실천이라고 주장하는 것이 아니다. 오히려, 대지 공동체로서 자연환경을 인식하고 조화를 이루며 공존하는 것을 강조한다. 자연과 조화를 이루며 살아가는 것은 단순한 선택이 아니라, 다음 세대를 위한 우리의 책임이기도 하다.

○ 미래 세대를 위한 책임윤리

미래 세대를 위한 책임윤리에서 요나스가 제시한 핵심 개념은 '책임'이다. 책임이라는 개념은 다음 네 가지 주요 측면에서 윤리적 성찰의 기회를 제공한다.

첫째, '책임'은 오직 '인간'에게만 부여되는 고유한 개념이라는 점이다. 인간은 책임질 수 있는 유일한 존재이다. 인간만이 책임질 수 있는 능력이 있으며, 따라서 책임은 인간에게만 해당하는 개념이다. 책임질 수 있는 존재인 인간만이 유일하게 무책임하게 행동할 수 있다.[16]

> "인간은 책임질 수 있는 유일한 존재이다. 인간은 책임을 질 수 있기에 책임을 갖는다. 책임질 수 있는 능력은 책임져야 한다는 책임의 명령하에 놓여 있음을 의미한다. 능력 그 자체는 당위로 연결된다."[17]

둘째, 책임윤리는 책임의 적용에 대한 관점의 전환을 요구한다. 요나스는 자신의 저서 《책임의 원칙》 제4장에서 "왜 '책임'이 이제까지 윤리 이론의 중심부에 있지 않았는가?"라는 물음을 제기하면서 전통 윤리학의 한계를 지적한다. 전통 윤리학에서 '책임'에 대한 논의는 주로 개별 인간 행위와 그로 인해 발생한 직접적인 결과에 초점을 맞추었다. 예를 들어, 누군가가 의도적으로 타인에게 피해를 주었다면 그 사람은 그로 인해 발생한 결과에 대해 책임을 져야 한다. 이러한 책임은 과거의 행위와 그 결과 사이의 관계에 주로 초점을 맞추었다. 요나스는 윤리학에서 그동안 책임에 대한 논의가 '과거' 행위에 주로 국한되었다는 점을 지적하면서 앞으로 일어날 미래까지 책임윤리가 확대되어야 한다고 강조한다. 요나스는 현대 과학기술이 환경과 미래 세대에 미치는 영향이 시공간적으로 과거보다 훨씬 광범위해졌다고 지적하며, 책임의 범위를 미래 세대까지 확대해야 한다고 주장한다. 즉, 우리의 행위가 초래할 장기적인 결과를 고려하는 '미래 지향적 책임윤리'가 필요한 것이다.

미래 세대를 위한 윤리의 관점에서 볼 때, 환경보호에 대한 관심과 실천은 단순히 현재 세대를 위한 것이 아니라 미래 세대까지 고려해야 할 장기적인 프로젝트일 것이다. "당장 내 삶이 위협받는 것도 아닌데 왜 내가 환경 문제에 관심을 가져야 하지?" 또는 "지금 내가 살 만한데 왜 내가 굳이 환경보호에 참여해야 하지?"와 같은 생각은 환경 문제를 개인의 문제로 축소시켜 환경보호에 대한 관심과 실천을 약화시킨다. 그러나 지속 가능한 사회와 삶을 이어가기 위해서는 지구 환경을 보존하고 미래 세대와 공존할 수 있도록 노력하는 것이 우리 세대의 의무이자 책임이라는 인식이 공유되어야 한다.

셋째, 책임에 대한 새로운 관점은 호혜성이라는 윤리적 전제에 대한 비판적 검토를 요구한다. 전통 윤리 이론에서 '호혜성'은 일반적으로 '상대방과의 관계에서 권리와 의무가 상호적이어야 한다'는 윤리적 원칙으로 이해된다. 그러나 요나스는 현대사회의 윤리 문제를 논의하는 데 있어 '호혜성'의 개념이 적절하지 않다고 비판한다. 호혜성은 현재 존재하는 사람들 사이의 상호작용에만 초점을 맞추고 있어, 미래 세대와 같이 아직 존재하지 않는 대상에 대한 윤리적 의무를 설명하지 못하기 때문이다.[18] 그러나, 현대사회의 기술 발전과 환경 문제로 인해, 인간의 행위가 미래 세대에 심대한 영향을 미치는 상황에서, 기존의 호혜성 개념은 이러한 책임을 설명하기에 적절하지 않다.

넷째, 미래 세대를 위한 책임이라는 개념은, 윤리적 고려 대상을 확대해야 한다는 점을 강조한다. 전통 사회에서는 인간의 능력과 과학기술이 자연과 미래 세대에 미치는 영향이 시간적·공간적으로 제한적이었다. 이로 인해 전통 윤리학의 관점에서 책임은 주로 개인 간 도덕적 행위와 그 결과 사이의 인과관계를 중심으로 논의되었다. 반면, 생태계나 자연환경과 같은 인간이 아닌 대상이나 미래 세대에 미치는 인간 행위의 책임에 대해서는 거의 고려되지 않았다.

요나스는 "권력을 특징으로 하는 이 시대의 최고 가치는 바로 책임이다."[19]라고 주장하면서, 과학기술이 부여한 막대한 권력에 상응하는 윤리적 책임의 범위와 깊이를 숙고할 필요성을 강조한다. 즉, 우리 인간이 세상에 영향을 미칠 수 있는 지식과 행위 능력의 범위가 커지면서 그에 따라 요구되는 책임의 범위도 넓어지게 되는 것이다. 현대 과학기술은 단지 현재 세대뿐만 아니라 미래 세대와 지구의 모든 생명, 자연환경에 영향을 미칠 수 있으며, 좋은 의도로 개발된 기술이라도 장기적으로는 위험 요소를 내포할 수 있다. 따라서 우리는 과학기술의 영향력을 감안한 새로운 책임윤리를 통해 지속가능한 지구를 위한 윤리적 지침을 마련해야 한다.

04 불확실성 시대의 윤리적 공백과 대응

○ 윤리적 공백과 공포의 발견술

환경보호 실천을 어렵게 만드는 요인 중 하나는, 과학기술이 초래하는 결과의 불확실성이다. 과학기술 발전으로 인해 환경 문제가 복잡해지고, 그 해결 방안을 명확히 파악하기 어려워지면서 사람들은 문제의 심각성을 실감하지 못하고 환경 문제에 대응하려는 동기를 가지기도 어려워지게 되었다.

그러나, 현대 과학기술의 발전으로 인해 인간의 행위는 지구 전체와 미래 세대에까지 광범위한 영향을 미치게 되었다. 이러한 변화 속에서, 우리는 미래 세대까지 영향을 미칠 현재의 환경 문제에 대비할 새로운 지침을 고민할 필요가 있다.

요나스는 현대 과학기술 발달이 초래하는 문제에 대해 전통 윤리학이 그에 대응하는 적절한 지침을 제시하지 못하는 한계를 지적하면서 이를 '윤리적 공백(Das Ethische Vakuum)'이라고 표현한다.[20] 즉, 윤리적 공백이란 과학기술 발전으로 인해 발생하는 문제와 이에 대해 적절히 대응하지 못하는 전통 윤리학 간의 간극을 나타낸다.

그렇다면 윤리적 공백 속에서 우리는 어떻게 책임윤리를 실천할 수 있을까? 요나스는 미래를 예측하는 '예견적 지식'만으로는 한계가 있음을 인정한다. 이에 따라 그는, '악에 대한 인식'을 통해 책임윤리를 실천하는 방법으로 '공포의 발견술(Heuristik der Furcht)'을 제시한다. 요나스가 '공포의 발견술'을 강조하는 이유는 '악의 인식이 선의 인식보다 훨씬 더 쉽기' 때문이다. 요나스에 따르면 "우리는 무엇인가가 위험에 처해 있다는 것을 알 때, 비로소 그것을 심각하게 받아들인다." 이러한 의미에서 요나스는 윤리학이 희망보다 공포를 논의의 중심에 두어야 하며, 이를 통해 우리가 실제로 무엇을 보호해야 하는지 파악할 수 있다고 주장한다.[21]

> 무엇이 윤리의 나침반으로 기능할 수 있는가? 그것은 바로 미리 사유된 위험 자체이다! 미래에 발생할 수 있는 심상치 않은 상황의 변화, 위험이 미칠 수 있는 전지구적 범위, 그리고 인간의 몰락 과정에 대한 징조를 통해서 비로소 윤리적 원리들이 발견될 수 있다. 이러한 원리들로부터 새로운 힘에 대한 새로

운 의무들이 도출될 수 있을 것이다. 나는 이것을 '공포의 발견술'이라고 명명하고자 한다. (…) 우리는 무엇인가가 위험에 처해 있다는 것을 알 때, 비로소 그것을 엄중하게 생각한다.[22]

미래 책임윤리를 실천하기 위해 공포의 발견술은 다음 두 가지 차원의 의무를 통해 실행되어야 한다.

첫 번째 의무는 인식론적 차원의 의무이다. 즉, 과학의 발전과 윤리 간의 차이를 인식하고 과학이 초래할 수 있는 부정적 결과를 예측하고 발견하는 것이다. 과학기술은 인간의 삶을 풍요롭고 편리하게 만들지만 동시에 인간과 환경에 부정적 결과를 초래할 가능성을 안고 있다. 현대 사회에서 인간은 과학기술을 완전히 배제하면서 살아갈 수 없다. 따라서 우리는 과학기술의 혜택을 인정하면서도 그것이 인간과 환경에 미치는 부정적 영향을 주의 깊게 검토해야 한다.

따라서 우리가 예견해야 할 것은 두려워해야 할 대상, 즉 '나쁜 것'에 대한 지식이다. 이러한 부정적 결과는 자연스럽게 스스로 드러나는 것이 아니라 우리가 의도적으로 표상하고 발견해야 하는 것이다. 공포의 발견술을 통해 예측되는 부정적 결과를 미리 파악하고 경계하는 것은 미래 윤리를 실천하는 첫 번째 예비적인 의무가 된다.[23]

두 번째는 의무의 정서적 측면을 강조한다. 즉, 공포의 발견술을 통해 예측된 부정적 결과에 대해 이에 상응하는 공포와 두려움을 느끼고 경각심을 가져야 한다는 것이다. 부정적 결과를 발견하더라도 그것을 머리로만 이해하고 감정적으로 느끼지 못한다면 이는 쉽게 무시될 가능성이 있다. 이는 그 결과를 현재 자신의 문제가 아니라 미래 세대의 문제로 여기기 때문일 것이다. 발견된 위험이 현재 나의 삶에 직접적인 위협이 되지 않는다고 생각하면, 자발적 공포를 느끼기 어렵다. 따라서, 미래 세대를 위한 책임윤리를 실천하기 위해서는, 후세대의 행복과 불행에 대해 진지하게 고려하고 그로 인해 발생할 수 있는 부정적 결과에 대해 공포와 두려움을 가지는 능동적 태도가 필요하다.

요나스는 아직 발생하지 않았고 유사한 경험적 사례가 없는 위험이라 할지라도 "창조적으로 상상된 악이 경험된 악의 역할을 대신해야 하며, 이러한 상상은 저절로 일어나는 것이 아니라 의도적으로 유도되어야 한다."고 주장한다. 그리고 이를 위해 우리는 "적절한 공포를 느낄 수 있도록 스스로를 열어놓아야 한다."고 강조한다.

> 즉, 두려워함 그 자체가 역사적 책임의 윤리학의 제1차적이고 예비적인 의무가 된다. 그 윤리학의 원천인 '공포와 전율'이 인간의 신분에 고상하게 생각되지 않는 사람에게는 우리의 운명을 맡길 수 없다. (…) 이 공포는 근거 있는 공포이지 소심함은 아니며, 아마 불안은 될지언정 겁에 질린 것은 아니다.[24]

즉, 현재 우리의 선택과 행동으로 인해 미래 세대가 겪게 될 불행을 인식하고 그에 합당한 공포를 느끼는 것이 미래 세대를 위한 윤리의 두 번째 예비적 의무이다.

이 두 가지 차원의 의무는 별개로 존재하는 것이 아니라 밀접하게 연결되어 있다. 첫 번째 의무는 부정적 결과를 인식하는 것이고, 두 번째 의무는 그 인식한 결과에 대한 적절한 감정적 반응과 태도를 가지는 것이다. 요나스는, 공포의 발견술을 통해 사후적 책임보다는 사전적 책임을 강조하며, 예비적 의무의 필요성을 제시한다. 즉, 과학기술의 결과가 환경, 건강, 안전에 미칠 심각한 위협 가능성을 고려하고, 이에 대한 예방적 조치를 취해야 한다는 것이다. 자, 이제 우리 주위를 둘러보자. 유전자 조작 기술, 인공지능의 발달, 우주 개발 경쟁뿐만 아니라, 수많은 일상용품과 관련된 환경 문제가 우리 앞에 놓여 있다. 우리는 이러한 기술과 환경 변화 속에서 무엇을 우려해야 할까? 지금 우리가 '공포의 발견술'을 적용해야 할 대상은 무엇인가?

○ 지구를 일깨운 침묵의 봄

인류 역사에서 위대한 업적이라 여겨졌던 것들이 시간이 지나면서 인류와 자연환경에 해를 끼친 역사적 사례들은 공포의 발견술이 필요함을 다시 일깨운다. 예를 들면, 뮐러(P. H. Muller)는 DDT(디클로로 디페닐 트리클로로에탄)를 살충제로 개발한 공로로 1948년 노벨 생리의학상을 수상하였다. DDT는 말라리아를 비롯한 여러 질병을 전파하는 해충을 효과적으로 통제하는 살충제로 사용되었다. 그러나, 이후 연구를 통해 DDT가 환경에 심각한 부정적 영향을 미친다는 사실이 밝혀졌다. 특히, DDT는 생물 농축 과정을 거치면서 독성이 증대되어, 조류의 번식에 악영향을 미치고 생태계 전체에 부정적 결과를 초래한다. 이러한 문제로 인해 1970년대에 들어 많은 국가에서 DDT 사용이 금지되었다.

카슨(R. Carson)의 저서 《침묵의 봄》은 DDT의 위험성을 고발한 대표적인 작품이다. 이 책은 '침묵의 봄'을 다음과 같이 묘사한다.

> 낯선 정적이 감돌았다. 새들은 도대체 어디로 가버린 것일까?
> 새들이 먹이를 쪼아 먹던 뒷마당은 버림받은 듯 쓸쓸했다. 죽

은 듯 고요한 봄이 온 것이다.[25]

카슨은 20세기 미국에서 병충해 퇴치를 위해 사용된 DDT, 딜드린(dieldrin), 알드린(aldrin) 등 독성 화학물질이 생태계에 미친 피해를 과학적 증거를 통해 설명하였다.

DDT의 발견은 당시 놀라운 과학적 업적으로 평가받았으나, 카슨은 이러한 기술적 성과가 환경과 인간의 삶에 얼마나 파괴적인 영향을 미치는지 경고하였다. 예를 들어, 느릅나무의 해충을 퇴치하기 위해 살포된 DDT가 먹이사슬을 통해 '침묵의 봄'을 초래한 과정을 설명한다. 느릅나무에 뿌려진 DDT는 곤충과 거미를 죽였고 나뭇잎에 남아 있던 잔류물은 가을에 떨어진 낙엽을 먹은 지렁이에게 흡수되었다. 이후 겨울을 넘긴 지렁이는 봄에 종달새의 먹이가 되었고, 그 결과 DDT가 살포된 지역에서 종달새 개체 수가 2년 만에 400마리에서 20마리로 급감하였다.

《침묵의 봄》 출간 후, 카슨은 사회적 비난과 조롱을 받았지만, 1963년 미국 대통령 과학고문위원회의 '농약에 관한 조사보고서'가 카슨의 주장을 뒷받침하면서 여론이 변화하기 시작했다. 이후 미국의 여러 주 의회에서 유기염소계 농약 사용 규제가 도입되었고, 1969년에는 '국가 환경정책법'이 제정되었다.

○ 공포의 발견술은 여전히 진행 중

공포의 발견술을 일깨우는 또 다른 사례로 '탈리도마이드(Thalidomide)' 사건을 들 수 있다. 1950년대 후반에서 1960년대 초반에 임산부의 입덧 완화제로 사용되었던 탈리도마이드는 심각한 기형아 출산 문제를 일으켰다. 초기에는 안전하고 효과적인 약물로 평가되었던 탈리도마이드는, 시간이 지나면서 신생아의 팔과 다리에 심각한 기형을 유발하는 것으로 밝혀졌다. 이 사건은 신약 개발 과정에서 철저한 안전성 검토의 중요성을 다시금 일깨워 주었고, 기술 발전이 가져올 수 있는 위험에 대한 경각심과 예방적 접근의 필요성을 환기시켰다.

프레온 가스(CFCs) 역시 공포의 발견술을 떠올리게 하는 대표적 사례이다. 프레온 가스는 1930년대 미국의 화학자 미즐리 주니어(T. Midgley Jr.)와 연구팀에 의해 개발되었으며, 그 공로로 미즐리는 파킨즈 상(1937년), 프리스토리 상(1941년), 윌리엄 깁스 상(1942년)을 수상하였다. 당시 프레온 가스는 비가연성과 비독성이라는 특성 덕분에 안전한 냉매로 평가되었고, 냉장고, 에어컨, 스프레이 캔 등에 널리 사용되었다. 그러나 나중에 프레온 가스가 오존층 파괴의 주요 원인으로 밝혀지면서 1987년 몬트리올 의정서(Montreal Protocol)에 의해 전 세계적으로 사용이 규제되었다.

비닐봉지 또한 처음에는 친환경적 대안으로 여겨졌던 발명품 중 하나였다. 1965년 스웨덴의 툴린(S. G. Thulin)이 발명한 비닐봉지는 종이봉투를 대체하며 산림 파괴를 줄일 수 있는 해결책으로 환영받았다. 가볍고 물에 강하며 여러 번 재생이 가능하다는 이유로 친환경 제품으로 간주되었다. 하지만, 지금은 비닐봉지가 자연에서 분해되는 데 수백 년이 걸리며 해양 생태계에 미세 플라스틱 오염을 일으켜 해양 생물들에게 심각한 위협이 되고 있다.[26]

요나스가 강조한 '윤리적 공백'과 '공포의 발견술'은 DDT와 탈리도마이드 같은 특정 사례에 국한되지 않는다. 우리가 일상적으로 사용하는 다양한 기술과 제품들도 처음에는 인류의 복지를 위해 고안되었지만, 시간이 지나면서 인류와 환경에 위협이 될 수 있다. 그런데 우리는 여기서 이런 질문을 던져볼 수 있다. 과학기술은 정말 모든 사람에게 공정한 혜택을 제공하는가? 만약 그렇지 않다면, 그 이유는 무엇일까?

05 환경 정의에 대한 시민의 인식과 참여

최근 환경 문제는 정의(Justice)의 문제로 새롭게 부각되고 있다. 환경 정의(Environmental Justice)는 환경 문제와 사회 정의를 결합한 개념으로, 모든 사람이 깨끗하고 안전한 환경에서 살 권리를 평등하게 누려야 한다는 원칙을 담고 있다. 환경 정의는 특정 사회 계층, 인종, 또는 경제적 지위에 따라 환경적 부담이 불균형하게 분배되지 않도록 하는 데 목표를 둔다. 또한 환경 정의는 공정한 환경 정책, 자원 배분, 환경 문제 해결을 통해 누구도 차별받지 않고 건강하고 지속 가능한 환경에서 살 권리를 보장하고자 한다. 1980년대부터 제기된 환경 정의 문제는 1994년 클린턴 대통령이 관련 정책을 발표했음에도 불구하고, 여전히 전 세계적으로 중요한 사회적·환경적 이슈로 남아 있다.

과거에는 환경 문제에 대한 논의가 주로 녹지 훼손이나 공기 오염 등 환경 오염 자체에 집중되었다. 하지만, 최근에는 사회·경제적 지위에 따라 환경 피해가 특정 집단에 발생하는 현상이 부각되면서 환경 정의에 대한 관심이 높아지고 있다. 특히, 기후 변화의 가장 큰 피해자가 환경 문제에 크게 가담하지 않는 사람들이라는 사실은 환경 정의 문제의 심각성을 부각시킨다. 이에 따라 정부와 기업의 환경 정책이 공정하게 집행되어 모든 계층이 깨끗한 환경에서 살아갈 수 있는 권리를 보장받아야 한다는 주장이 힘을 얻고 있다.

세계 곳곳에서 환경 정의 문제가 제기되는 사례는 여럿 존재한다. 2014년 미국 미시간 주의 플린트 시(City of Flint)는 재정 절감을 이유로 도시의 식수원을 기존의 휴런 호수(Lake Huron)에서 플린트 강으로 전환했으나, 적절한 정화 처리 없이 공급된 물로 인해 납 오염 문제가 발생했다. 플린트는 주로 저소득층과 소수 인종이 거주하는 지역이며, 이 지역 주민들은 오염된 식수로 인해 심각한 건강 문제를 겪게 되었다. 영유아의 혈중 납 수치가 두 배 이상 증가한 사실이 보고되었으나 당시 정부의 대응은 미흡했다. 이러한 사례는 주민의 안전과 건강보다 경제적 이익이 우선시되며 특히 사회적 취약 계층이 환경 위험에 더 쉽게 노출되는 환경 정의의 문제를 잘 드러낸다.

한편 지금은 대부분 사라졌지만, 한때 중국 광둥성 구이위(Guiyu) 마을의 전자 폐기물 처리장은 국제적으로 많은 논란을 불러 일으켰다. 구이위는 세계 최대의 전자 폐기물 처리장 중 하나로, 이곳에서 전자 폐기물이 비공식적으로 처리되면서 심각한 환경 오염을 유발하였다. 주민들은 전자 폐기물에서 나온 독성 물질에 지속적으로 노출되었고, 구이위 어린이 70% 이상이 혈중 납 수치가 위험 수준에 이르렀다는 보고가 있었다.

최근에는 전자 폐기물뿐만 아니라 일반 쓰레기와 플라스틱, 유해 물질 등 다양한 폐기물이 선진국에서 개발도상국으로 수출되면서 환경 정의가 여전히 심각하게 훼손되고 있음을 잘 드러낸다.[27] 선진국은 폐기물을 스스로 처리할 기술과 돈이 있는데도 이를 개발도상국으로 수출한다. 결국 개발도상국에서는 쓰레기를 태우거나 방치해 환경오염 등의 문제를 낳는다. 선진국에선 없는 것처럼 보이는 감춰진 폐기물은 분명히 어딘가에 존재하는 것이다.

또한 남태평양의 작은 섬 투발루(Tuvalu)는 해발 고도 2~3m에 위치한 나라로, 지구온난화가 계속 진행될 경우 해수면 상승으로 인해 50년 이내에 수몰될 위험에 처해 있다. 코페(S. Kofe) 외무부 장관이 해수면 상승으로 물에 잠긴 투발루에서 연설하는 장면은 전 세계의 주목을 받았다. 그는 무릎까지 차오른 바다 속에서 연설하며, "기후 변화와 해수면 상승은 투발루와 저지대 국가들에게 치명적이고 실질적인 위협입니다."라고 호소했다. 투발루의 환경 문제가 더 심각하게 받아들여지는 이유는, 투발루 주민들이 온실가스를 거의 배출하지 않았음에도 불구하고 기후 변화의 가장 직접적인 피해를 받고 있기 때문이다. 이러한 상황은 기후 위기에 대한 책임을 회피해 온 선진국들에 대한 비판을 더 고조시키며 이들이 더 큰 책임감을 가지고 즉각적으로 행동해야 한다는 논의를 촉발하고 있다.

환경 정의 문제는 단지 정책 결정자들만의 몫이 아니라 우리 모두가 해결해야 할 시급하고 근본적인 과제이다. 불평등하게 분배된 환경 부담은 사회적 약자들에게 더 큰 피해를 주며, 이는 구조적 불평등을 심화시킨다. 이를 바로잡기 위해서는 시민의 의식적인 참여와 행동이 필수적이다.

시민들이 환경 문제에 관심을 넘어 실천으로 나아갈 때, 정부와 기업은 더 이상 책임을 회피할 수 없으며, 공정하고 지속 가능한 정책을 수립하게 될 것이다. 정책에 대한 감시와 비판, 환경보호 활동 참여, 지속 가능한 소비를 실천하는 시민의 행동은 사회 전체에 강력한 변화를 일으킨다. 이는 단순히 개별적인 환경보호 차원이 아니라, 환경 불평등을 해소하고 모두가 깨끗하고 안전한 환경을 누릴 수 있도록 돕는 일이다. 시민들이 적극적으로 목소리를 내고 행동할 때, 환경 정의는 더 이상 선택이 아닌 공동체가 추구해야 할 필수 가치가 될 것이다.

06 환경을 이해하고 행동으로 바꾸는 힘: 환경 리터러시

상상해 보자. 싱그러운 풍경을 기대하면서 산책로를 따라 걷던 중, 갑자기 안타까운 광경이 눈에 들어온다. 길가의 풀숲에는 버려진 음료수병과 과자 포장지가 널려 있고, 나뭇가지에는 비닐봉지가 찢긴 채 걸려 바람에 펄럭이고 있다. 한쪽에는 작은 동물의 흔적이 보이는데, 먹이를 찾다 쓰레기에 걸려든 듯 더 이상 움직이지 못한 채 쓰러져 있다. 근처의 작은 개울은 물이 탁해져 있고, 그 속에는 플라스틱 조각과 일회용 용기가 둥둥 떠다닌다. 아름답고 깨끗해야 할 풍경이 쓰레기와 무책임으로 인해 그 빛을 잃어가고 있다.

그런데 여기서 중요한 질문이 떠오른다. "이 상황을 바꾸기 위해 무엇을 할 수 있을까?" 이 질문에 대한 답을 찾는 열쇠가 바로 환경 리터러시(Environmental Literacy)이다. 환경 리터러시는 단순히 "환경을 위해 무언가를 한다."는 행동 이상을 의미한다.

환경 리터러시는 환경 문제를 이해하고, 환경 보호의 필요성과 실천 방법을 학습하며 적용할 수 있는 능력을 강조한다. 일반적으로 문해력이라고도 불리는 '리터러시(literacy)'는 텍스트를 읽고 쓰는 기본적인 능력을 의미하였지만, 최근에는 포괄적 역량을 나타내는 개념으로 확장되어 사용되고 있다. 현대사회에서 리터러시는 단순히 읽고 쓰는 능력에 국한되지 않고, 지식과 정보를 이해하고 해석하면서 자신과 사회의 문제를 해결하기 위해 정보를 활용하고 성찰할 수 있는 능동적인 역량을 의미한다. 즉, 환경 리터러시는 생태계의 상호작용과 환경 문제에 대한 지식뿐만 아니라, 자신의 행동이 환경에 영향을 미치는 행동을 인식하는 능력, 환경 문제를 평가하고 이에 대한 의견을 형성하는 능력, 지속 가능한 발전을 위해 행동할 수 있는 의지와 실천력, 그리고 환경에 대한 태도와 도덕적 책임을 포함한다.[28] 그렇다면, 환경 리터러시 역량을 함양한다는 것은 구체적으로 무엇을 의미할까? 우리는 이를 어떻게 실생활에서 적용할 수 있을까?

○ 아는 것이 시작이다: 실천을 이끄는 지식과 이해

기후 변화는 폭염과 폭우 같은 극단적인 날씨를 통해 인간의 삶과 환경 모두에 심각한 영향을 미친다. 이러한 환경 문제는 단순히 한 가지 원인으로 발생하지 않으며 다양한 요인들을 반영한다. 따라서 환경 문제를 이해하고 해결하기 위해서는 생태계의 복잡한 상호작용에 대한 폭넓은 시각이 필요하다.

예를 들어, 기후 변화로 인한 열대 우림 파괴 문제를 생각해보자. 열대 우림은 단순히 나무가 빽빽이 모여 있는 풍경이 아니라, 수많은 생명체가 공존하는 복합적인 생태계이다. 열대 우림은 지구의 허파로 불리며, 이산화탄소를 흡수하고 산소를 배출하며 기후를 안정화하는 중요한 역할을 한다. 그러나 무분별한 벌목과 개발로 인해 열대 우림이 사라지면서 생물 다양성이 감소하고 대량의 탄소가 대기 중으로 방출되고 있다. 이로 인해 기후 변화는 더욱 가속화되고, 삼림 훼손과 탄소 배출의 악순환이 반복된다.

환경 리터러시는 이러한 문제를 이해하기 위해 환경 시스템의 구조와 기능을 배우고, 생태계의 상호작용을 분석하며, 기후 변화와 같은 주요 환경 문제의 원인과 결과를 파악하는 것을 포함한다. 예를 들어, 열대 우림 파괴가 단순히 생태적 손실에 그치는 것이 아니라, 기후 변화와 탄소 순환에 어떤 영향을 미치는지 이해하는 것은 환경 문제 해결을 위한 중요한 지적 토대가 된다.

환경 리터러시란 자연에 대한 지식을 넘어, 사회·정치·경제·문화·기술이 얽혀 환경 문제를 어떻게 유발하고 완화하는지 통찰할 수 있는 능력이다. 예를 들어, 열대 우림 파괴는 '개발'이라는 단편적 사안에 그치지 않고, 경제적 이익을 향한 무분별한 욕망, 정치 제도의 미비, 지역 사회를 둘러싼 문화적 갈등, 그리고 기술 자원의 한계 등이 복합적으로 얽혀 발생하는 문제이다. 따라서 진정한 환경 리터러시란, 이러한 구조적 원인과 결과를 종합적으로 이해하고, 이를 바탕으로 지속 가능한 해법을 창출해 내는 능력을 포함한다.

○ 행동으로 바꾸는 힘: 변화를 이끄는 능력

지식만으로는 세상을 바꿀 수 없다. 진정한 변화는 행동으로 이어질 수 있는 기술과 방법을 익히고 적용할 때 시작된다. 환경 리터러시는 단순히 환경에 대한 생각이나 관심에 머물지 않고 실제로 이를 행동에 옮길 수 있는 구체적 기능과 기술을 포함한다.

예를 들어, 재활용을 위해 올바르게 분리배출하고, 에너지를 절약하기 위해 전등을 끄고, 친환경 제품을 선택하는 윤리적 소비 습관 등은 지속 가능한 지구를 위한 변화를 만들어낸다.

또한 환경 리터러시는 개인의 작은 실천을 넘어 지역 사회와 협력하고, 더 나아가 사회적 차원에서 문제를 해결할 수 있는 능력을 포함한다. 예를 들어, 지역 에너지 전환 정책 추진을 위한 공청회에 참석하여 의견을 제시하거나, 자원순환 캠페인을 기획하고 지역 사회가 적극적으로 동참하도록 독려하는 활동이 이에 해당한다.

환경 리터러시는 단순히 '지식을 갖추는 것'에 그치지 않고 개인과 사회가 함께 지속가능성을 실현하기 위해 요구되는 기능적 측면과 사회적 역량을 모두 포괄한다. 이러한 기능적 능력은 개인 차원의 환경보호 행동을 촉진하며, 더 나아가 지역사회와 국가 차원에서의 다양한 정책·프로그램에 적극적으로 참여하도록 돕는다. 또한, 환경 문제 해결을 위해 요구되는 사회적 역량, 예를 들면 협력적 태도, 소통 능력, 비판적 사고 및 창의적 문제 해결력, 그리고 집단의 목표를 설정하고 추진하는 리더십 등은 지속가능한 지구를 위한 실천을 가능하게 한다.

○ 변화를 이끄는 태도: 환경 감수성과 긍정적 태도

환경 리터러시는 환경 감수성(environmental sensitivity)과 환경에 대한 긍정적 태도를 중요하게 여긴다. 환경 감수성은 자연을 경외하거나 아름답게 여기는 것을 넘어서, 자연환경에 대해 정서적 애착과 유대감을 느끼는 것을 의미한다. 이러한 환경 감수성은 인간과 자연이 유기적으로 연결되어 있으며 인간이 지구 생태계의 일부라는 인식을 바탕으로 한다.

한편, 환경에 대한 긍정적 태도란 환경보호와 지속 가능한 발전의 가치를 인식하고 이를 지지하는 전반적인 태도를 의미한다. 이는 단순한 관심을 넘어, 환경 보호 실천을 가능하게 하는 의지와 책임감을 포함한다. 환경 리터러시에서 환경 감수성과 긍정적 태도는 환경보호를 위한 행동을 지속적으로 유지하고 실천할 수 있는 내면적 동기를 제공한다.

이처럼 환경 리터러시는 환경에 대한 이해를 바탕으로 환경 문제의 원인과 결과를 비판적으로 분석하고, 이를 해결하기 위한 실질적 행동을 포함하는 포괄적 역량을 말한다. 환경 리터러시는 개인과 공동체가 지속 가능한 미래를 구축하기 위해 필요한 사고와 행동의 틀을 제공하며, 환경에 대한 책임감 있는 태도와 실천을 촉진한다.

자, 이제 환경 리터러시를 발휘해보자. 환경 리터러시는 스스로에게 던지는 질문에서 시작되어 실천으로 완성된다. "환경 문제에 대해 내가 알고 있는 것은 무엇인가?", "내가 소비하는 이 제품은 생산에서부터 폐기까지 환경에 어떠한 영향을 미칠까?", "환경 문제가 미래 세대의 삶에 어떤 변화를 가져올지 생각해 본 적이 있는가?", "일상에서 나는 어떤 실천을 할 수 있을까?"

환경을 아끼고 지키는 것은 지속가능한 발전을 이루기 위한 우리 모두의 책임이다. 아무리 작은 행동이라도 꾸준히 실천하는 태도가 변화를 만드는 힘이 된다.

미래의 지구는 우리가 살아가는 현재의 터전일 뿐만 아니라, 미래 세대들이 살아갈 공간이기도 하다. 그들은 우리의 자녀이고, 친구이며, 동료이다. 우리는 이들과 함께 공존하는 방법을 배워야 한다. 환경보호는 먼 미래의 과제가 아니라, 지금 우리가 만들어가는 행동에서 시작되는 현재형 프로젝트이다. 우리의 작은 실천이 미래 세대에게 건강하고 지속 가능한 지구를 물려줄 수 있다는 점을 기억하자. 이제부터 일상에서 적극적으로 환경보호에 동참하며 변화를 만들어가는 주체가 되어 보는 것은 어떨까? 그리고 우리 주위 사람들과 환경보호에 대한 관심을 공유하고 작은 실천이 얼마나 의미있는 것인지, 그러한 실천이 얼마나 큰 차이를 만들어낼 수 있는지에 대한 설레는 대화를 해보는 것은 어떨까?

미주 __ Endnote

1 헌법재판소 (2024.08.29.). 기후위기 대응을 위한 탄소중립·녹색성장 기본법. https://www.ccourt.go.kr/site/kor/ex/bbs/List.do?cbIdx=1111&searchBcIdx=1008488.

2 Urgenda Foundation v. State of the Netherlands(2015). https://climatecasechart.com/non-us-case/urgenda-foundation-v-kingdom-of-the-netherlands/?utm_source=chatgpt.com.

3 김선희 (2022). 「비교헌법연구 2021-8-11. 기후변화소송에 관한 비교법적 비교」. 헌법재판소 헌법재판연구원. 107-117.

4 GREEN PEACE (2020). 바다에 플라스틱이 넘쳐난다? 해양 플라스틱의 진실. https://www.greenpeace.org/korea/update/15617/blog-plastic-so-much-plastic-in-the-ocean/?utm_source=chatgpt.com.

5 WWF(세계자연기금) KOREA. 플라스틱. https://www.wwfkorea.or.kr/plastic.php?utm_source=chatgpt.com.

6 디지털 비즈온 (2022.06.04). 매년 100만 마리 바닷새와 10만 마리 해양 포유류 사망. https://www.digitalbizon.com/news/articleView.html?idxno=2330371.

7 KBS 뉴스 (2011.05.11.). FAO. 버려지는 음식물 매년 13억 톤. https://news.kbs.co.kr/news/pc/view/view.do?ncd=2290047&utm_source=chatgpt.com; WWF(세계자연기금) KOREA. 변화가 필요한 식량 시스템. https://www.wwfkorea.or.kr/food.php.

8 연합뉴스 (2023.01.20.). 지난해 하루 평균 축구장 3천개 면적 아마존 파괴. https://www.yna.co.kr/view/MYH20230120011700641.

9 Aristotles. 김재홍 역 (2017). 『정치학』. 서울: 길. 57 (Politics. 1256b).

10 R. Descartes. 이현복 (2022). 『방법서설』. 서울: 문예출판사. 81-82.

11 이충진·김수배 공역 (2018). 『도덕 형이상학』. 파주: 한길사. 335-336.

12 P. Singer. 황경식·김성동 공역 (2013). 『실천윤리학』. 고양: 연암서가. 84-109.

13 P. Singer. 황경식·김성동 공역 (2013). 『실천윤리학』. 고양: 연암서가. 97-98

14 A. Leopold. 이동신 역 (2023). 『샌드 카운티 연감』. 서울: 이다북스. 253.

15 A. Leopold. 이동신 역 (2023). 『샌드 카운티 연감』. 서울: 이다북스. 277.

16 H. Jonas. 이진우 역 (1994). 『책임의 원칙: 기술 시대의 생태학적 윤리』. 서울: 서광사. 171-172

17 H. Jonas (1977). "Prinzip Verantwortung. Zur Grundlegung einer Zukunftsethik", in A. Krebs (Hrsg.). *Naturethik. Grundtexte der gegenwärtigen tier- und ökoethischen Diskussion*. Frankfurt am Main. 이유택 (2005). "요나스의 미래윤리와 책임". 『동서철학연구』 제35호. 8. 재인용.

18 H. Jonas. 이진우 역 (1994). 『책임의 원칙: 기술 시대의 생태학적 윤리』. 서울: 서광사. 216-225.

19 H. Jonas. 이유택 역 (2005). 『기술 의학 윤리』. 서울: 솔. 64.

20 H. Jonas, 이진우 역 (1994), 『책임의 원칙: 기술 시대의 생태학적 윤리』, 서울: 서광사, 60-61.

21 H. Jonas, 이진우 역 (1994), 『책임의 원칙: 기술 시대의 생태학적 윤리』, 서울: 서광사, 65-68.

22 H. Jonas, 이진우 역 (1994), 『책임의 원칙: 기술 시대의 생태학적 윤리』, 서울: 서광사, 6.

23 H. Jonas, 이진우 역 (1994), 『책임의 원칙: 기술 시대의 생태학적 윤리』, 서울: 서광사, 65-69.

24 H. Jonas, 이진우 역 (1994), 『책임의 원칙: 기술 시대의 생태학적 윤리』, 서울: 서광사, 372.

25 R. Carson, 김은령 역 (2011), 『침묵의 봄』, 서울: 에코리브르, 26.

26 UN Environment Programme, From birth to ban: A history of the plastic shopping bag, https://www.unep.org/news-and-stories/story/birth-ban-history-plastic-shopping-bag.

27 한겨레 (2024.11.25.), 재활용 불가 폐기물 수출하는 선진국…애초 플라스틱 적게 만들어야, https://v.daum.net/v/20241125182012570?utm_source=chatgpt.com.

28 K. S. Hollweg et al., (2011), Developing a framework for assessing environmental literacy, North American Association for Environmental Education; OECD (2010), PISA 2009 Assessment Framework: Key competencies in reading, mathematics and science, 23-24.

이정렬

- (현) 경북대학교 사범대학 윤리교육과 교수
- 서울대학교 대학원 윤리교육과 박사
- 서울대학교 대학원 윤리교육과 석사
- 서울대학교 사범대학 윤리교육과 학사

　중·고등학교 도덕·윤리 교사로 근무하였으며, 현재 경북대학교 사범대학 윤리교육과 교수로 재직 중입니다. 학교 현장과 연계될 수 있는 교육 과정 및 교육 방법에 관심을 두고 있으며, 도덕적 성장을 위한 도덕교육적 접근을 끊임없이 고민합니다. 또한, 도덕심리학과 인문학을 바탕으로 인간의 내면을 깊이 탐구하고, 삶의 방향을 모색하는 연구를 지속하고 있습니다. 2015 개정 도덕과 교육과정 개발 연구진으로 참여하였으며, 최근에는, 대구광역시 교육청에서 시행되는 '마음 학기제'를 위한 〈마음교육 워크북 개발〉 연구책임자로 활동하였습니다. 현재 경북대학교 IB글로벌교육센터 센터장을 맡고 있습니다.

　저서로는, 『도덕심리학의 전통과 새로운 동향』(공저), 『도덕교육론: 도덕치유와 윤리상담』(공저), 『도덕성과 윤리교육』(공저) 등이 있습니다.

인문학 나침반

초판발행	2025년 2월 28일

지은이	이정렬
펴낸이	노 현

편 집	배근하 · 김경선
기획/마케팅	허승훈
표지디자인	Ben Story
제 작	고철민 · 김원표

펴낸곳	㈜ 피와이메이트
	서울특별시 금천구 가산디지털2로 53, 210호(가산동, 한라시그마밸리)
	등록 2014. 2. 12. 제2018-000080호
전 화	02)733-6771
f a x	02)736-4818
e-mail	pys@pybook.co.kr
homepage	www.pybook.co.kr
I S B N	979-11-7279-086-8 93370

정 가	17,000원

박영스토리는 박영사와 함께하는 브랜드입니다.